_________________________ 님께

영적 성장을 기도하는 마음으로 이 책을 드립니다.

_________________________ 드림

천국에서 온 서른세 장의 엽서

천국에서 온
서른세 장의 엽서

엮은이 | 이주익
펴낸이 | 김원중

책임편집 | 이민수
편   집 | 김현정, 윤예미, 양인숙
디 자 인 | 옥미향
마 케 팅 | 김재국, 정용범

초판인쇄 | 2007년 11월 16일
초판발행 | 2007년 11월 27일

출판등록 | 제313-2007-000172호(2007.8.29)

펴 낸 곳 | (주)상상나무
         도서출판 선미디어
주   소 | 서울시 마포구 상수동 324-11
전   화 | (02)325-5191 팩   스 | (02)325-5008
홈페이지 | http://smbooks.com

ISBN 978-89-960092-4-5 03230

값 8,500원

Art of Meditation

천국에서 온
서른세 장의 엽서

경건 · 기쁨 · 소망 편 | 이주익 엮음

상상나무

머리말

역사를 돌이켜 보면 모든 시대 사람들이 다 자기 시대를 말세(末世)라고 개탄하고 있는 모습을 발견할 수 있습니다. 결국 모든 시대 사람들이 자기 시대와 개인의 삶에 대하여 회의와 불안 속에 살고 있는 것입니다. 참으로 이 지상에서의 인간의 존재 자체와 거칠고 분요한 세상에서의 삶이 어찌 순탄하기만을 바랄 수 있겠습니까?

그렇기에 우리 그리스도인들은 더욱더 말씀에 의지하며 살아가야 합니다. 그럴 때만이 삶의 좌표와 목적지를 바로 알 수 있고, 또 마음의 평안과 소망을 잃지 않을 수 있기 때문입니다.

그리하여 『천국에서 온 서른세 장의 엽서』에서는 성도들이 매일의 삶에서 부딪치는 삶의 문제들을 33개 주제로 나누고 이에 맞는 기독교 명언과 성구를 모았습니다. 이 책들을 통하여 성도들이 필요할 때마다 때에 맞는 좋은 말씀을 찾아 묵상하며 위로와 기쁨을 누리시기를 바랍니다.

본서를 펴내는 일에 함께 힘을 모은 상상나무 여러분과 이 종을 주님의 사자로 따르는 서대문 감리교회의 충성스런 권속들 그리고 이 종의 반려자인 집사람과 믿음의 용력을 가진 두 아들 전도사들과 기쁨을 나누고 싶습니다. 특히 1993년 이래 나에게 경건, 인내, 성화의 품세를 제시해 주었고 섭리의 빛으로 정진할 수 있도록 기도하시는 미국 필라델피아 성서 대학교 W. Sherill Babb 총장의 값진 응원에 언제나 감사하고 있습니다.

모쪼록 이 책이 성도님들의 생활 현장과 말씀을 이어주는 아름답고 믿음직한 가교의 역할을 하게 되기를 기도합니다.

2007. 11월에

이 주 익 목사

목차

제1부 경건의 길

제2부 # 기쁨의 길

제3부 소망의 길

제1부

경건의 길

구원의 은혜로 거룩을 완성하라

하나님을 따라 의와 진리의 거룩함으로 지으심을 받은 새 사람을 입으라 (엡 4:24)

현대인에게 가장 무서운 병은 '조급병' 입니다. 리처드 포스터는 "조급함은 마귀적인 것이 아니라 마귀다"라고 말했습니다. 사람들은 서서히 성장하는 것보다 급성장을 좋아합니다. 그러나 결코 한 순간에 이룰 수 없는 것이 있습니다. 그것은 바로 거룩한 영성입니다. 하나님은 귀히 쓰시길 원하는 사람마다 준비하는 데 많은 시간을 들여 철저하게 훈련하셨습니다.

하나님은 요셉을 정금같이 쓰시기 위해 13년 동안 종살이와 감옥살이를 하게 했습니다. 모세를 훈련시키기 위해 광야에서 40년을 보내게 했습니다. 여호수아를 쓰시기 위해 모세의 시종으로 40년을 기다리게 했습니다. 하나님은 존귀하게 쓰시기로 작정하실수록 거룩한 삶을 위해 많은 준비를 시키십니다.

어떤 버섯은 6시간이면 자랍니다. 호박은 6개월이면 자랍니다. 그러나 참나무는 6년이 걸리고 건실한 참나무로 자태를 드러내려면 100년이 걸립니다. 참나무와 같은 인물이 되어 하나님께 쓰임받기를 원한다면 조급해서는 안됩니다.

예수님을 믿는 순간 우리는 거룩한 신분이 됩니다. 그러나 그 거룩을 완성하는 데는 평생이 걸립니다. 거룩에는 지름길이 없습니다.

예수님은 매일매일 기도와 말씀 묵상이라는 거룩한 습관을 가지고 사셨습니다. 구원은 은혜와 믿음으로 받지만 거룩은 은혜의 수단인 영성 훈련으로 완성됩니다. 우리를 거룩하게 하시는 하나님은 우리 안에 거룩에 대한 소원을 두고 행하게 하십니다.

「뿌리 깊은 영성」, 강준민

구별함은 거룩함으로 나아가는 길

※ 그러므로 형제들아 내가 하나님의 모든 자비하심으로 너희를 권하노니 너희 몸을 하나님이 기뻐하시는 거룩한 산 제물로 드리라 이는 너희가 드릴 영적 예배니라 (롬 12:1)

구별함은 거룩함이 아닙니다. 구별함은 거룩함으로 나아가는 길입니다.

추측건대 거룩함을 뜻하는 히브리 단어는 '구별하다' 라는 뜻의 어원에서 파생되었을 것입니다. 그러나 거룩이라는 단어는 그 독특한 개념을 표현하기 위해 배타적으로 사용됩니다. 거룩이라는 개념은 항상 구별이라는 개념을 포함하고 있지만, 그럴지라도 이것은 훨씬 더 고귀한 것입니다.

이 차이를 이해하는 일은 매우 중요합니다. 왜냐하면 성경은 하나님께 자기를 구별하는 것, 그분의 명령에 순종하는 것, 그리고 그분을 섬기기 위해 전념하고 헌신하는 것을 종종 거룩함을 이루는 요소로 언급하고 있기 때문입니다.

나의 존재나 행위나 현상은 거룩하지 못합니다. 그러나 하나님의 존재와 행위와 선물은 다 거룩합니다. 구별은 다시 사용하기 위해 그릇을 깨끗하게 씻어서 보관하고 소유하는 것일 뿐입니다.

여기에 고귀한 내용물을 가득 채울 때에만 비로소 이 그릇은 자기의 진가를 발휘하게 될 것입니다. 여기에 가득 채워질 신령한 내용물이 바로 거룩함입니다.

즉 구별이란 내용물이 없이 단지 우리를 비우게 하는 것일 뿐입니다. 구별함은 거룩함이 아닙니다. 그러나 구별함은 거룩함을 이루는 데 필수적입니다.

"너희는 나에게 거룩할지어다 이는 나 여호와가 거룩하고 내가 또 너희를 나의 소유로 삼으려고 너희를 만민 중에서 구별하였음이니라." (레 20:26)

「거룩, 이제는 거룩한 그리스도인으로」, 앤드류 머레이

경건은 왜 중요한가?

※ 망령되고 허탄한 신화를 버리고 경건에 이르도록 네 자신을 연단하라 육체의 연단은 약간의 유익이 있으나 경건은 범사에 유익하니 금생과 내생에 약속이 있느니라 (딤전 4:7,8)

빛 가운데 있을 때는 무언가를 숨길 수 없습니다. 그러므로 우리가 빛으로써 언덕 위에 세워져 있을 때에 숨어 있을 생각, 자신의 행동을 숨길 생각은 하지 말아야 합니다.

세상 사람들이 나를 주시하고 있다는 것을 기억하십시오. 특별히 세상은 우리의 가장 작은 결점이라도 발견하여 더욱 악화시키고 폭로하여 자기들이 계획한 대로 그것을 이용하고, 결점을 발견할 수 없을 때에는 결점을 만들려고까지 한다는 것을 기억해야 합니다.

하나님께서는 우리가 모든 사람들이 보는 앞에서 공공연하게 나쁜 짓을 할만큼 무례한 것과 세상이 주목하고 있는데 고의적으로 죄를 짓는 것을 금하십니다.

하나님께서는 당신의 위대한 일을 성취하시는 데에 사람들을 도구로 쓰시기 전, 위대한 일을 하기에 적합하도록 고치시고 만드십니다.

그분은 경건치 아니한 자들에게 어떠한 축복의 약속도 하시지 않으십니다. 주님의 신실한 종들에게 주님은 함께하실 것이고 성령을 내리실 것이며 사탄은 마치 하늘에서 내려오는 번개처럼 그들 앞에 쓰러지고 말 것이라고 약속하셨습니다.

하나님께서는 우리를 당신의 택하신 자로 삼아 축복하시려 합니다. 만약 주님의 일이 우리의 마음속에서 올바르게 행해지지 않는다면 어떻게 하나님께서 우리의 수고를 축복하실 것이라고 기대할 수 있겠습니까?

「참된 목자」, 리차드 백스터

참 경건과 거짓 경건

주께서 경건한 자는 시험에서 건지실 줄 아시고 불의한 자는 형벌 아래에 두어 심판 날까지 지키시며 (벧후 2:9)

일반적으로 사람들은 경건을 예식과 의식을 통한 예배의 외적 표현으로 정의합니다. 그러나 진정한 경건이란 예식이나 의식 그 이상입니다. 예수님은 "이 백성이 입술로는 나를 공경하되 마음은 내게서 멀도다"(마 15:8)라고 말씀하셨습니다.

참된 경건은 하나님의 관점에서 살아가는 것입니다. 그러므로 우리는 하나님의 눈으로 우리 자신을 볼 줄 알아야 합니다. 그리스도인의 삶의 목표는 하나님의 이름을 아는 지식과 믿음에 하나 되어 그리스도의 장성한 분량이 충만한 데까지 이르는 것입니다(엡 4:13).

야고보는 "하나님 아버지 앞에서 정결하고 더러움이 없는 경건은 곧 고아와 과부를 그 환난 중에 돌보고 또 자기를 지켜 세속에 물들지 아니하는 그것이니라"(약 1:27)고 말했습니다.

참된 경건은 하나님 앞에서 결정됩니다. 그것은 성령의 능력으로 예수 안에서 살아가는 것이며, 다른 사람들의 필요에 빠르게 응답하는 것입니다. 정결하고 더러움이 없는 경건은 반드시 행위로 나타나야 합니다.

사도 요한은 "그가 우리를 위하여 목숨을 버리셨으니 우리가 이로써 사랑을 알고 우리도 형제들을 위하여 목숨을 버리는 것이 마땅하니라 누가 이 세상의 재물을 가지고 형제의 궁핍함을 보고도 도와 줄 마음을 닫으면 하나님의 사랑이 어찌 그 속에 거하겠느냐 자녀들아 우리가 말과 혀로만 사랑하지 말고 행함과 진실함으로 하자"(요일 3:16-18)라고 말했습니다.

또한 정결하고 더러움이 없는 경건한 삶을 살기 원한다면 세상을 사랑하지 말아야 합니다(요일 2:15). 우리는 사람들의 필요를 충족시켜 주어야 하는 책임도 있지만, 세속에 물들지 않도록 힘써야 합니다.

우리는 세상에서 살되 세상에 속한 자는 아닙니다. 세상에 속한 모든 사람들은 사랑하되 세속적인 모든 제도는 미워해야 합니다(요일 2:16,17). 우리가 하나님의 말씀대로 행하지 않으면서 스스로 경건하다고 말한다면 우리 자신을 속이는 것입니다.

야고보는 "누구든지 스스로 경건하다 생각하며 자기 혀를 재갈 물리지 아니하고 자기 마음을 속이면 이 사람의 경건은 헛것이라"(약 1:26)고 말했습니다.

하나님 앞에서 참된 경건은 어려운 자들을 돌아보며 세상 유혹에서 자기 자신을 지키는 것입니다.

「365 경건 메시지 4」, 김연택

욕심을 버린 기도

칼이라는 사람이 있었습니다. 그는 늘 자신의 아들을 위해 기도했습니다. 그의 스물두 살 된 아들은 집을 떠나 교외의 오두막 집에서 다른 청년들과 함께 생활하고 있었습니다.

칼은 그의 아들이 집을 떠나기 전부터 마약을 복용하고 있다는 사실을 알았으며, 그의 집을 떠난 후에는 마약 밀매를 하고 있다는 사실을 알게 되었습니다. 칼의 소원은 두 가지였습니다. 하나는 그의 아들이 집으로 돌아오는 것이며, 또 하나는 아들이 체포되지 않는 것이었습니다.

그러던 어느 날 아침, 아들을 위해 기도하는 중에 칼은 자신이 구하는 것이 이기적이라는 것을 알았습니다. 즉 지역 사회에서 유명 인사였던 그는 자신의 아들이 마약 소지자로 체포된다면 자신의 체면이 실추될 것을 염려했던 것입니다.

그래서 칼은 다시 기도를 드렸습니다. 자신의 아들을 죄로부터 구할 수 있는 길이 그가 체포되는 방법밖에 없다면 기꺼이 감수하겠다고 주님께 말씀드렸습니다.

그로부터 며칠 후, 칼은 경찰서로부터 전화를 받았습니다. 그의 아들이 마약 소지자로 체포되었다는 것입니다. 아들은 죄 값을 치르고 난 후에야 집으로 돌아올 수 있었습니다.

그리고 칼과 그의 아들은 정상적인 관계를 회복했습니다. 그 후 얼마 안되어 그의 아들은 신학 공부를 위해 다시 집을 떠났습니다. 하나님께서 칼의 순종에 좋은 것으로 보답해 주신 것입니다.

우리가 어떤 사람을 위해 기도할 때 우리는 마음을 비우고 오직 하나님께서 자신의 뜻과 방법대로 역사하시기를 기다려야 합니다. 즉 그때 우리의 조건을 내세워서는 안되는 것입니다.

이렇게 하는 것은 처음에는 우리의 기대대로 안되는 것 같지만, 결국에는 하나님께서 가장 좋은 결과를 가져다 주시는 길입니다.

「기도응답의 비밀」, 찰스 스탠리

중언부언하는 기도

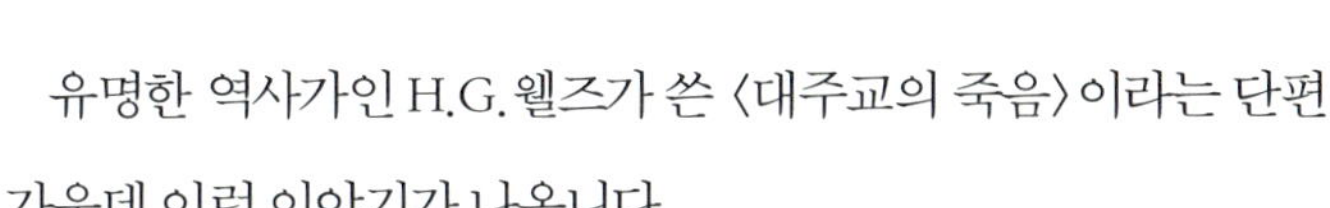

> *지금까지는 너희가 내 이름으로 아무 것도 구하지 아니하였으나 구하라 그리하면 받으리니 너희 기쁨이 충만하리라 (요 16:24)

유명한 역사가인 H.G. 웰즈가 쓴 〈대주교의 죽음〉이라는 단편 가운데 이런 이야기가 나옵니다.

대주교가 기도 시간이 되어서 성전에 들어가 기도를 했습니다. "오! 전능하시고 자비로운 하나님!" 하고 기도를 시작했을 때, 하늘에서 "오냐! 무엇을 고하려 하느냐?"는 소리가 들렸습니다. 깜짝 놀란 대주교는 "하나님! 정말 제 기도를 듣고 계셨군요" 하면서 그 자리에서 심장마비로 쓰러져 죽고 말았습니다.

그는 평생 동안 주교로서 시간이 되면 형식적으로 성당에 들어가 기도했습니다. 그러나 그 마음속에 하나님께서 이 순간, 지금 내 기도를 듣고 계신다는 확신 없이 기도했던 것입니다.

지금 당신은 이 자리에 오셔서 예배를 드립니다. 하나님께서 지금 당신의 예배를 받고 계신다는 확신으로 예배를 드려야 합니다. 하나님께서 나의 기도를 들으시고 찬양을 받으신다는 마음이 없으면, 하나의 형식적인 기도, 형식적인 예배가 되고 맙니다. 우리 주님은 이런 기도를 싫어합니다.

"기도할 때에 이방인과 같이 중언부언하지 말라"고 성경은 말하고 있습니다. 중언부언하는 것은 '빈말을 되풀이 하는 것', '마음속에서 우러러 나오는 말이 아닌 것', '입술로만 드리는 기도' 입니다.

어떤 기도입니까? 진지한 회개가 없는 기도가 바로 중언부언하는 기도입니다.

우리의 기도는 어떠합니까? 매순간 기도 할 때마다 자신의 잘못과 거짓과 허물을 채찍질하며 뉘우치는 진지한 기도가 있습니까? 자신을 돌이켜서 새로운 사람으로 거듭나게 하겠다는 확신과 더불어 기도합니까?

우리는 중언부언하는 기도를 중단하고 하나님께 진심으로 마음을 다하여 기도해야 합니다. 그러면 당신도 하나님의 음성을 들으며 하나님의 임재에 감사하게 될 것입니다.

「생명의 삶」

그 무엇보다 마음을 지키라

나의 하나님이여 주께서 마음을 감찰하시고 정직을 기뻐하시는 줄을 내가 아나이다 (대상 29:17)

성경 다음으로 많이 읽혀진 책 중에 존 번연이 쓴 「천로역정」이라는 책이 있습니다. 이 책은 성도가 천국에 이를 때까지 겪는 영적인 싸움들과 신앙 체험에 대한 이야기입니다.

순례의 길을 걷고 있는 성도들은 허영의 거리를 지나면서 증오라는 판사 앞에 서기도 하고, 질투라는 사람의 거짓 증언을 듣기도 합니다. 뿐만 아니라 미신과 아부라는 사람이 나와서 질투의 편을 듭니다. 결국 성도들 중 일부는 무심, 악의, 호색, 방탕, 고집, 반감, 허풍, 잔인, 위선 등의 배심원에 의해서 사형을 선고받습니다. 그러나 성도들은 포기하지 않고 소망과 함께 그 허영의 거리를 지나 천국을 향한 순례의 길을 계속합니다.

허영의 거리를 지나면서도 그 문화와 사상에 동화되지 않고 복음의 문화를 가지고 살아가는 순례자의 삶이 성도의 삶입니다.

그런데 하나님을 향한 우리의 마음을 굳게 지키면서 허영의 거리를 지나가는 것은 쉽지 않습니다. 세상 문화에 동화되지 않고 살아가려면 많은 노력이 필요합니다. 그리고 스스로 세상 문화를 거부하고 타협하지 않는 자세를 가져야 합니다.

잠언 4장 23절에 "모든 지킬 만한 것 중에 더욱 네 마음을 지키라 생명의 근원이 이에서 남이니라"고 말씀하셨습니다.

하나님께서는 오늘도 허영의 거리를 지나고 있는 성도들에게 "오직 너는 스스로 삼가며 네 마음을 힘써 지키라"(신 4:9)고 말씀하고 계십니다.

「일년 일독 매일 묵상」, 주경로

마음을 바꾸면 삶도 바뀐다

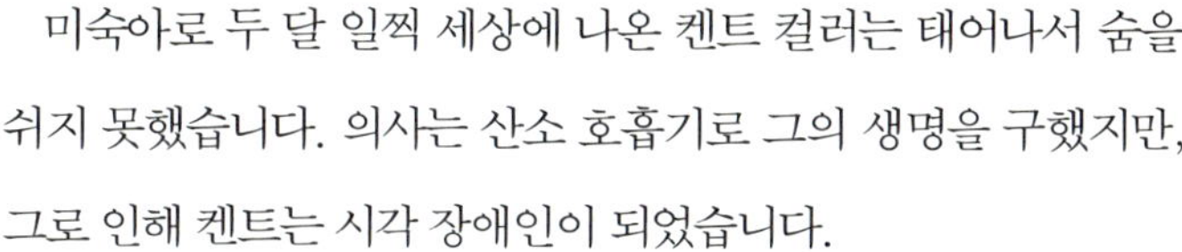

※ 모든 지킬만한 것 중에 더욱 네 마음을 지키라 생명의 근원이 이에서 남이니라 (잠 4:23)

미숙아로 두 달 일찍 세상에 나온 켄트 컬러는 태어나서 숨을 쉬지 못했습니다. 의사는 산소 호흡기로 그의 생명을 구했지만, 그로 인해 켄트는 시각 장애인이 되었습니다.

그의 부모는 아들이 시력을 잃기는 했지만 인생까지 망치지 않도록 하겠다고 결심했습니다. 부모는 그가 나무 오르기, 자전거 타기, 학교에 가는 일을 포함해서 사실상 다른 아이들이 하는 일을 스스로 할 수 있게 가르쳤습니다.

그는 자신으로서는 어쩔 수 없는 불운을 겪었지만 A학점만 맞는 학생이었고, 보이스카우트 단원이었습니다. 그가 가장 좋아한 책은 「천문학 골든 북」이었습니다.

켄트는 고등학교 졸업식에서 고별사를 읽었고, 대학에서는 피베타 카파(Phi Beta Kappa: 1776년 창설된 성적이 우수한 미국 대학생 및 졸업생 클럽)의 회원이 되었으며, 물리학 박사 학위를 받았습니다. 20대 초에 켄트는 미국 항공 우주에 컴퓨터 모델을 제출해서 우주 비행선의 레이더 체계를 개선시켰습니다.

오늘날 켄트는 미국 항공 우주국에서 가장 창의적이고 생산적인 과학자의 한 사람이 되었습니다. 할 수 없다는 말을 들으며 자라는 다른 많은 시각장애자들과는 달리 켄트 컬러는 자신이 원하는 것은 무엇이든 할 수 있다고 믿었습니다. 그 결과 전 우주가 그의 것이 되었습니다.

「아무 것도 못 가진 것이 기회가 된다」, 밴 크로치

하나님과의 시간

※ 나의 영혼아 잠잠히 하나님만 바라라 무릇 나의 소망이 그로부터 나오는도다 (시 62:5)

예수님은 하나님이 어떤 분인지 잘 아셨고, 자주 한적한 곳에서 기도하며 하나님과의 시간을 보내셨습니다. 이 두 요소 즉 '하나님의 성품'과 '예수님의 습관'이 묵상의 전통을 낳았습니다.

묵상은 함께 시간을 보내기 원하시는 하나님에 대한 우리의 반응입니다. 우리는 삶 속에서 하나님과 함께하는 시간을 만들어야 합니다.

그러나 우리의 삶은 바쁘고 걱정거리로 가득해 하나님을 밀어냅니다. 이때 묵상을 훈련함으로써 우리 삶 안에 하나님이 거하실 '공간'을 만들어 하나님과의 친밀함을 나누어야 합니다.

그러나 아무리 하나님과 함께 시간을 보내려고 해도 그런 노력을 방해하는 요소들이 우리 주변에는 너무나 많습니다. 우리는 가정과 직장에서 지나치게 바쁜 일상과 책임감 가운데 살아갑니다. 그런가 하면 세상은 '시간 관리'라는 명목 아래 자투리 시간마저 남김없이 짜내려 합니다. 텔레비전의 광고는 조금의 '휴식 시간'마저 쇼핑과 영화와 외식으로 유혹하려 애씁니다. 또한 토크 쇼, 음악, 스포츠, 뉴스 등으로 우리를 자극합니다. 심지어 우리의 환경은 '창조적인' 일을 하지 않을 때 죄의식을 느끼도록 몰아대고 있습니다.

분주한 일상과 문화에서 떠나 하나님과의 시간을 만든다는 것이 얼마나 어려운지 우리는 잘 알고 있습니다. 하지만 우리에게 고독과 조용한 시간, 묵상과 사색의 시간, 기도와 침묵의 시간은 꼭 필요합니다. 그래서 하나님으로부터 힘과 지혜와 긍휼함을 얻어야 합니다.

그런 시간들은 하나님을 위해 우리가 만든 삶의 공간에서부터 시작됩니다.

「영성 훈련을 위한 아홉 번의 만남」, 제임스 스미스 · 린다 그레이빌

일상생활에서 홀로 있기

※ 나에게 주의 법도들의 길을 깨닫게 하여 주소서 그리하시면 내가 주의 기이한 일들을 작은 소리로 읊조리리이다 (시 119:27)

예수님은 우리들에게 고독과는 다른 홀로 있기를 요청하셨습니다. 고독은 내적 공허를 가져오지만 홀로 있기는 내적 충만을 만듭니다.

홀로 있다는 것은 장소라기보다는 마음과 정신의 상태를 의미합니다. 그래서 우리는 어느 때든지 홀로 있기를 할 수 있습니다.

광야에서 혼자 수도하는 사람이라 할지라도 홀로 있기를 체험하지 못할 수도 있습니다. 또한 홀로 있기를 한다고 해도 자칫하면 공허한 깊은 수렁과 자기도취와 절망에 빠질 수도 있습니다.

고요함은 때때로 말이 없는 것과 연관되지만 듣는 행위와는 항상 연관이 됩니다. 하나님의 음성을 듣는 마음 없이 단순히 말을 금하는 것은 고요함이 아니기 때문입니다.

우리는 일상생활에서 짧은 시간들을 이용하여 홀로 있기 훈련을 할 수 있습니다. 가족이 일어나기 전 침실에서, 또 하루의 일과를 시작하기 전 커피를 마시면서, 아침 출근 시간에 차가 막혀 자동차가 멈추어 있을 때, 그리고 꽃이나 혹은 나무를 볼 때에도 짧은 순간에 홀로 있기를 할 수 있습니다.

홀로 있기의 또 다른 방법으로 하루 종일 한 마디의 말없이 생활하기를 시도해 보십시오. 당신이 말에 너무 지나치게 의존하고 있지는 않은지 유의해 보십시오.

사람과의 말을 줄이고 조용히 하나님의 음성에 귀기울여 보십시오.

「영적 훈련과 성장」, 리처드 포스터

잘못했을 때 사과하는 것의 아름다움

* 그러므로 예물을 제단에 드리려다가 거기서 네 형제에게 원망들을 만한 일이 있는 것이 생각나거든 예물을 제단 앞에 두고 먼저 가서 형제와 화목하고 그 후에 와서 예물을 드리라 (마 5:23,24)

직장에서 업무를 수행하는 과정에서 실수를 할 수 있습니다. 이 때문에 고객들로부터 불평이나 항의를 받을 수도 있습니다. 또 그 사실이 윗사람에게 알려져 정말 당황스럽기도 합니다.

그럴 때 많은 사람들의 일차적인 반응은 어떻게든 책임을 면하려고 하는 것입니다. 어쩔 수 없는 상황이었다는 등의 핑계를 대거나 때로는 누군가 다른 사람에게 책임을 떠넘겨서 모면하려고 하게 됩니다.

그런데 그렇게 하는 것이 일시적으로는 책임을 모면하는 것처럼 보이지만 사실은 인격적인 신뢰를 잃어버리는 것이며 나아가서는 장래의 업무처리에 있어서 지장을 줄 수도 있습니다.

자신의 잘못을 솔직하게 인정하고 사과를 하는 것이 장기적인 안목으로 볼 때 더 유리할 수 있습니다. 아니 유리하다기 보다 그것이 바람직합니다.

"멋지게 사과하는 방법 80가지"라는 책에서 재미있는 사실을 알았습니다. 짐승들은 잘못을 반성할 수는 있지만 사과는 못한다고 합니다. 사람만이 사과를 할 수 있다는 것입니다. 잘못을 인정하고 사과를 하는 것은 사람다움의 표현입니다. 더욱이 자신이 죄인임을 깨달은 그리스도인들은 더더욱 잘못에 대해서 사과를 할 수 있어야 합니다.

주님도 제단에 예물을 드리는 것보다 형제와 화목하는 것이 먼저라고 말씀하셨는데, 이는 곧 사과하는 것이 그리스도인의 덕목임을 가르쳐주는 것입니다.

또 같은 책에서 이런 재미있는 말도 소개합니다. "아무리 어리석은 자라도 잘못을 변명하는 정도는 할 수 있다. 사실 어리석은 자는 대개 이런 짓을 한다." 한마디로 사과를 못하고 이리 저리 변명하는 것은 정말 어리석은 짓이라는 말입니다.

자신의 한계를 이해하고 상대방의 입장을 이해하는 지혜로운 사람이라면 사과하는 것이 당연하다는 말입니다.

그렇지만 우리는 자존심이라든가 권위, 기타 여러 가지 이유로 사과하기를 힘들어합니다. 하지만 진심으로 사과하면 다른 사람과의 신뢰관계가 오히려 더 깊어질 수 있으며 이로 인해 자신의 인격이 더 성숙되며 무엇보다도 하나님이 기뻐하신다는 것을 기억하십시오.

가만히 생각해보면 우리 신앙의 시작이 바로 하나님 앞에서 자신의 죄악을 인정하고 용서를 비는 데서 시작되었습니다. 그렇다면 사람들 앞에서 자신의 실수를 인정하고 사과하는 것은 영적인 행위이며 이로 인해 그리스도인들이 훨씬 더 영적으로 성숙할 수 있다는 것을 기억하십시오.

비단 직장에서만이 아닙니다. 가정에서도 사과는 모든 관계를 회복하게 합니다. 부부간에도 서로 자기의 잘못을 인정하지 않고 상대방을 향해서 불만을 터뜨린다면 도무지 해답이 없습니다. 그러나 먼저 자신의 잘못을 인정하고 사과한다면 부부관계는 쉽게 회복될 수 있습니다.

사과는 사람만이 할 수 있다고 합니다. 이 특별한 능력을 꼭 사용하십시오. 그것이 사람과의 관계를 회복하는 중요한 열쇠입니다.

「호산나 칼럼」, 방선기

죄를 쓸어내는 빗자루

** 하나님을 잊어버린 너희여 이제 이를 생각하라 그렇지 아니하면 내가 너희를 찢으리니 건질 자 없으리라 (시 50:22)

세상이 험악해져 이제는 완전 범죄를 노리는 인간들이 많아졌습니다. 그러나 그들은 세상을 속일 수 있을지는 몰라도 자기 자신을 속일 수는 없습니다.

몹쓸 인간이 되면 열병 든 개처럼 꼬리를 사리며 한평생 마음 졸이며 삽니다. 지은 죄가 세상에 드러나지 않아 감옥에 가지 않는다고 옥살이를 하지 않는 것은 아닙니다. 법의 감옥은 밖에 있지만 양심의 감옥은 바로 제 마음속에 있는 까닭입니다. 법은 죄를 놓칠 수 있지만 양심은 죄를 놓치지 않습니다.

간이 병들면 눈이 보지 못하고, 콩팥이 병들면 귀가 듣지 못합니다. 보이지 않게 시작된 병이지만 결국엔 드러나게 마련입니다. 죄를 짓는 것보다 더 무서운 병은 없습니다.

세상에 드러난 죄만 죄가 아니라 남모르게 마음속에서 짓는

죄도 죄입니다. 험악한 세상이라고 푸념하면서 우리는 하루에
도 몇 번씩 살인죄를 마음에 짓고 사는 것이 아닙니까! 이렇게
반성해 보는 순간 마음속에서 짓는 죄를 쓸어 내는 빗자루를 쥐
게 됩니다.

정직의 가치

정직

※ 여호와 하나님은 해요 방패이시라 여호와께서 은혜와 영화를 주시며 정직하게 행하는 자에게 좋은 것을 아끼지 아니하실 것임이니이다 (시 84:11)

현금을 수송하는 자동차가 돈 자루 두 개를 뉴저지 주 트렌톤 근처에서 잃어버렸습니다. 그런데 일자리를 구하지 못하던 어느 노동자가 그 돈 자루를 발견했습니다.

그 안에는 상당히 많은 돈이 있었습니다. 그는 즉시 그 돈을 회사에 돌려주었습니다. 회사에서는 이 사람에게 천 달러를 보상금으로 주었습니다.

그런데 그 노동자는 기자들에게 자신이 더 많은 보상금을 받았어야 했다고 말했습니다.

그는 "정직의 가치가 겨우 그것입니까? 겨우 천 달러란 말입니까? 나는 그 돈을 돌려주러 가려고 주머니를 털어서 자동차에 기름을 넣었는데요"라고 말했습니다.

그 노동자는 정직한 사람이었지만 감사할 줄 모르는 사람이었던 것입니다.

비난이 쏟아지자 얼마 후 그는 자신이 보상금을 감사히 받지 않은 것에 대하여 사과했습니다.

그러나 부정직을 일상적인 법칙으로 생각하고 정직을 예외로 여긴 데서 비롯된 그의 처음 반응은 매우 흥미로운 것이었습니다.

오늘날 대부분의 사람들은 정직은 의무가 아닌 탁월한 행동이므로 훈장과 많은 액수의 보상금을 주어야 한다고 생각합니다.

그리스도인들이 지닌 지속적인 문제 중 하나는 C. S. 루이스가 말하는 것처럼 우리가 "단순한 정직이 영웅적인 미덕으로, 전적인 타락이 용서할 수 있는 불완전으로 통용되는" 역사 속에서 살고 있다는 사실입니다.

정직은 보상을 받아야 할 일이 아니라 그리스도인으로서 당연히 해야 할 의무인 것처럼 되어지기를 소원합니다.

「마음의 확신을 얻기 위한 묵상」, 코넬리우스 플란팅가

최후의 승리자

※ 여호와여 주의 장막에 머무를 자 누구오며 주의 성산에 사는 자 누구오니이까 정직하게 행하며 공의를 실천하며 그의 마음에 진실을 말하며 (시 15:1,2)

어느 법정 소송 사건에서 가장 중요한 증인으로 채택된 열두 살의 소년이 있었습니다. 변호사가 철저한 반대 심문을 펼쳤지만 그 소년의 결정적이고 명백한 증언을 바꾸어 놓거나 잘못을 지적할 수가 없었습니다.

다시 변호사는 엄숙한 음성으로 물었습니다.

"너의 아버지가 너에게 어떻게 증언해야 하는지 가르쳐 주었지. 그렇지?"

그러자 소년은 "예" 하고 대답했습니다.

자신감을 얻은 변호사는 "그러면 너의 아버지가 너에게 어떻게 말하라고 했지?" 하고 물었습니다.

그때 소년의 입에서 나온 말은 당당하고 명쾌했습니다.

"변호사님이 저를 곤란에 빠뜨리려고 이것 저것 물어보더라도 다만 사실만을 말한다면, 언제나 똑같은 것을 말할 수 있을 거라고 아빠가 말씀하셨어요."

도산 안창호 선생은 늘 "꿈에서 거짓말을 하였거든 깨어서라도 반성하라"고 가르쳤습니다. 결국 진실이 최후의 승리자가 될 수밖에 없습니다. 지금 나라가 온통 시끄럽고 혼란스러움에 뒤덮여 있습니다. 이때 가장 필요한 것은 '진실된 자세' 입니다.

자신에 대하여 진실해야 하고, 사회에 대하여 진실해야 합니다. 이웃에 대하여 진실해야 하고, 가족에 대해서도 진실해야 합니다.

이제 우리의 참 모습, 주장, 태도를 전능자요, 절대자이신 하나님 앞에서 솔직하게 비추어 보십시오. 그분 앞에서 진실하십니까? 최후의 승리자는 하나님 앞에서 진실한 자입니다.

「NO 할 때 ON 하시오」, 배굉호

10시 30분에 잡은 농어

**바른 길로 행하는 자는 걸음이 평안하려니와 굽은 길로 행하는 자는 드러나리라 (잠 10:9)

가을 한 철에만 농어 낚시가 허용되는 호수에 아버지와 열 살배기 아들이 낚시를 하고 있었습니다. 그 날은 농어 잡이가 허용되기 바로 전날이었습니다.

밤이 깊어지는 무렵 드디어 아들의 낚싯대 끝에 둥그렇게 구부러지며 큼직한 놈이 한 마리 걸려들었습니다. 농어였습니다.

아버지가 시계를 보니 밤 10시 30분이었습니다. 농어 잡이는 내일부터 허용되었고 지금은 농어 이외의 고기만 잡을 수 있는 시간이었습니다. 주위엔 아무도 없었고 호수엔 낚시꾼도 배도 없었습니다. 하지만 아버지는 아들에게 이렇게 말했습니다.

"애야, 그 농어는 풀어주고 우리 다른 것을 잡도록 하자꾸나!"

"안돼요 아버지, 이렇게 큰 물고기를 잡은 건 처음이에요."

"하지만 지금은 농어를 잡을 수 없는 시간이다. 농어는 내일부터 잡거라."

아버지의 단호한 결정에 아들은 아깝지만 농어를 놓아주었습니다.

그 후 세월이 흐른 뒤 사업가가 된 아들은 정직하고 모범적인 경영자로 뽑힌 자리에서 열 살 때의 그 사건을 통해 아버지로부터 '진정한 정직'을 배웠노라고 말했습니다.

사람의 마음 속에는 정의가 있어야 합니다. 정의는 바른 길입니다. 그러므로 정의에 입각해서 살면 평안하게 살 수 있는 것입니다. 양심의 바른 길을 따라 정의를 가지고 사는 것이 사람답게 사는 길입니다. 불의는 굽는 길이요, 불의를 가지고 산다는 것은 스스로 사람다워지기를 거부하고 파멸을 자초하는 것입니다.

스스로 지혜 있다 하나

** 너희 중에 누구든지 지혜가 부족하거든 모든 사람에게 후히 주시고
꾸짖지 아니하시는 하나님께 구하라 그리하면 주시리라 (약 1:5)

사람이 얼마나 지혜없고 어리석은 존재인가를 이해시킨다는
것은 불가능한 일입니다. 세계에서 가장 뛰어난 물리학자가 모
든 분야에 대한 지식이나 생활 능력이 얼마나 된다고 생각하십
니까? 그들 중에는 일상적인 생활 능력이 없거나 미쳐버린 물리
학자도 많습니다. 즉 아무리 뛰어난 사람이라도 모든 것을 알고
지혜롭게 행하는 경우는 거의 없습니다.

사람들이 하나님이나 종교에 대해 얼마나 알고 있겠습니까?
무신론을 주장하는 사람이 얼마나 하나님에 대한 지식을 가지
고 있겠습니까? 성경은 이렇게 말하고 있습니다.

"스스로 지혜 있다 하나 어리석게 되어 썩어지지 아니하는 하
나님의 영광을 썩어질 사람과 새와 짐승과 기어다니는 동물 모
양의 우상으로 바꾸었느니라." (롬 1:22,23)

예전부터 과학이 발달하면 종교는 사라질 것이라고 예언한 사람이 많았습니다. 그러나 이상하게도 과학이 발달할수록 사람들은 더욱 종교를 추구하고 있습니다. 그런데 아주 희한한 일은 하나님을 찾는 것이 아니라 우상과 미신을 추구하고 있다는 사실입니다.

인간은 이처럼 어리석은 일을 하면서도 자기가 어리석은 줄 모릅니다. 어리석은 지혜로 하나님을 우상으로 만들고 있는 것입니다.

과학이 종교를 파괴할 것이라 착각하는 사람도 있지만, 하나님을 잘 믿는 신실한 과학자도 많습니다. 인간의 지혜로 하나님을 다 알 수 없습니다. 왜냐하면 하나님은 모든 것을 초월하신 창조주이시기 때문입니다.

인간이 패역하여 자기의 무지로 하나님을 대적하여도 원수를 사랑하며 도리어 구원하시기를 원하시는 하나님은 최후의 시간까지 기다리십니다.

참된 지혜는 참 하나님을 아는 것입니다. 하나님을 아는 지식은 참된 생명이 있기 때문입니다.

「3분만」, 황인철

자신을 아는 지혜

✽✽ 또 사람에게 말씀하셨도다 보라 주를 경외함이 지혜요 악을 떠남이 명철이니라 (욥 28:28)

희랍의 유명한 철학자 소크라테스가 젊었을 때의 일입니다.

그의 제자 카이혼이 하루는 신에게 "신이시여! 이 세상에 소크라테스보다 더 지혜 있는 사람이 있습니까?"라고 물었습니다. 신이 사제를 통하여 "소크라테스보다 더 지혜로운 사람은 없다"라는 대답을 들려주었습니다.

이 말을 전해들은 소크라테스는 매우 놀랐습니다. 자기는 이 세상에서 가장 지혜 없는 사람으로 알고 있었는데, 신은 자기를 세상에서 제일 지혜 있는 사람이라고 하였기 때문입니다.

소크라테스는 그 이유를 알아보아야 되겠다고 생각하고, 이튿날부터 아데미에 있는 모든 학자와 정치가와 예술가를 방문하여 "이 세상에서 가장 귀중한 일이 무엇이냐?"라고 질문했습니다.

그러나 그들 역시 소크라테스와 마찬가지로 이 질문에 대한 확실한 답을 알지 못하고 있었습니다. 다만 그들은 지혜 있는 체하고 있었을 뿐이었습니다.

소크라테스는 그제야 신이 왜 자신을 가장 지혜 있다고 했는지 깨달았습니다. 그 이유는 소크라테스는 자신이 무지하다는 사실을 너무나 잘 알고 있었기 때문입니다.

성도가 하나님을 믿는 첫걸음도 자신이 하나님 앞에서 죄인이라는 사실을 아는 것입니다. 인간은 죄로 말미암아 전적으로 타락하고 부패했기 때문에 하나님의 은총이 필요하다는 것을 알 때 훌륭한 성도가 될 수 있습니다. 하나님 앞에 가장 큰 자는 자신이 죄인임을 아는 자입니다.

철학자 탈레스는 그의 제자들에게 "이 세상에서 가장 쉬운 일은 남을 비판하고 판단하는 일이고, 가장 어려운 일은 자기 자신을 아는 일이다"라고 말했습니다.

「하나님을 웃겨라」, 양은식

마틴 루터 킹의 신념

**약속하신 그것을 또한 능히 이루실 줄을 확신하였으니 (롬 4:21)

마틴 루터 킹 쥬니어는 고난을 질겅질겅 씹어가며 살았던 사람입니다. 조금만 뒤로 물러섰어도 훨씬 안정된 삶을 살 수 있었을 텐데도 그는 스스로 험난한 인권 운동가의 길을 선택했습니다.

그 선택에 대한 대가로 그에게 돌아온 것은 인종차별을 없애자고 목소리를 높일 때마다 엄습해 오던 숱한 생명의 위협과 모욕뿐이었습니다. 그리고 영광의 상처라고도 할 수 있는 숱한 매질과 옥살이만이 그를 기다리고 있었습니다.

그는 단지 인권운동을 한다는 그 이유 때문에 수십 번도 넘게 폭행을 당했고 헤아릴 수도 없는 욕지거리를 들어야만 했습니다. 뿐만 아니라 뜻하지 않은 옥살이도 해야 했고, 그의 가족까지 몰살하겠다는 협박도 여러 차례 받았습니다.

그런데도 그는 고난의 길을 포기하지 않았습니다. 그러다가 결국 1968년에 암살자의 총에 맞아 쓰러졌습니다.

그가 생전에 생명의 위협을 느낄 때마다, 그리고 조직적인 부조리에 대해 분통함을 느낄 때마다 이 말을 되뇌이며 스스로를 달래곤 했습니다.

"나를 불구로 만들어보라. 그러면 나는 월터 스코트 경과 같이 다시 일어설 것이다. 나를 감옥에 가두어보라. 그러면 나는 존 번연과 같은 사람이 될 것이다. 나의 다리를 부러뜨려 더 이상 걷기 힘들게 만들어 보라. 그러면 나는 프랭클린 루즈벨트 같은 사람이 될 것이다. 나의 귀를 찢어 귀머거리로 만들어보라. 그러면 나는 루드비히 반 베토벤과 같은 사람이 될 것이고, 내 눈을 뽑아 보이지 않게 만들면 나는 존 밀턴과 같은 사람이 될 것이다. 나를 극심한 가난 속에 던져 넣어보라. 그러면 나는 아브라함 링컨과 같은 사람이 될 것이다. 나를 심하게 두들기고 불에 태워 더 이상 걷지 못하게 만들어보라. 그러면 나는 1934년 1마일 단거리 경주에서 세계 기록을 세운 글렌 커닝햄과 같은 사람이 될 것이다. 나를 포즈 골짜기의 눈 속에 파묻어보라. 그러면 나는 조지 워싱턴 같은 사람이 될 것이다. 내가 용납하기 전까지 그 어떤 것도 나를 쓰러뜨릴 수는 없다. 행여 누군가 나를 쓰러뜨린다 해도 내가 그것을 버리지 않는 한 나는 다시 일어설 것이다."

여기서 그가 말한 '그것' 이란 바로 '신념' 을 말합니다. 누구

든 신념을 가진 사람은 아무리 어렵고 힘든 상황이 닥쳐와도 언
젠가는 다시 딛고 일어설 수 있습니다.

「인생을 살맛나게 하는 99가지 희망공식」, 이진호

성도가 지켜야 할 다섯 가지 확신

❋ 왕이여 우리가 섬기는 하나님이 계시다면 우리를 맹렬히 타는 풀무불 가운데에서 능히 건져내시겠고 왕의 손에서도 건져내시리이다

(단 3:17)

요즘같이 흔들리는 시대에는 흔들리지 않는 마음가짐이 필요합니다. 흔들림 없는 마음가짐으로 자기 자신을 꿋꿋이 지켜나가지 않으면 자신을 지키기 어렵게 됩니다. 그래서 성도들은 흔들리는 세상에 살면서도 흔들림 없는 마음가짐으로 자신을 지켜나가야 하는 것입니다.

그렇다면 흔들리지 않는 성도의 확신이란 무엇입니까? 성도가 어느 경우에나 지켜나가야 할 흔들림없는 마음가짐 다섯 가지가 있습니다. 이를 일컬어 '성도의 다섯 가지 확신' 이라 부릅니다.

그 첫번째 확신은 '구원의 확신' 입니다.

'예수를 믿음으로 이미 구원받았다' 는 확신입니다. 이 확신

없이는 성도로서의 삶이 시작되지 않습니다. 이 확신 없이는 기독교 신앙은 한낱 윤리나 교양에 멈추어 버린다 하겠습니다.

성도가 지녀야 할 두번째 확신은 '성령이 나와 함께한다' 는 확신입니다.

성도가 신앙 생활을 할 때 은사를 받거나 기도 응답을 받는 등의 체험을 할 수 있습니다. 그러나 그 모든 것을 합한 것보다 더욱 중요한 것은 '성령이 나와 함께한다' 는 확신입니다. 실제로 우리의 삶에서 성령께서 나와 동행하신다는 확신만큼 더 중요한 은혜도 축복도 있을 수 없습니다.

성도가 지녀야 할 세번째 확신은 '우리의 기도가 응답받는다' 는 확신입니다.

우리의 신앙 생활의 연륜이 깊어지고 체험의 깊이가 더해질수록 아버지께 드리는 우리의 기도가 때를 따라 응답받으면서 우리의 영적 세계 또한 깊어집니다.

네번째 확신은 '천국 소망' 에 관한 확신입니다.

성도들은 이 땅의 나그네 길을 마치고 하늘나라에 가 예수님의 품에서 안식을 누리게 됩니다. 바로 천국 생활을 경험하는 것입니다.

그리고 다섯번째 확신은 성도들이 '세상을 변화시킬 수 있다'

는 확신입니다.

세상을 예수님의 능력으로 변화시키겠다는 확신이 없다면 우리의 신앙에 문제가 있습니다. 성도들은 어느 경우나 우리가 속한 세상을 복음의 능력으로 변화시키겠다는 결의와 확신을 반드시 지녀야 합니다.

이러한 다섯 가지 확신을 지닐 때 우리의 신앙 생활은 승리하는 생활로 이어질 것입니다.

기쁨의 길

감사의 능력을 소유한 사람들

**감사로 제사를 드리는 자가 나를 영화롭게 하나니 그의 행위를 옳게 하는 자에게 내가 하나님의 구원을 보이리라 (시 50:23)

1620년에 미국 플리머스에 착륙한 필그림 선조들은 오늘날 그렇게 많은 사람들이 누리고 있는 윤택한 풍요를 전혀 알지 못했습니다. 미국에 터전을 잡은 뒤 처음으로 맞게 된 긴 겨울 동안, 그곳엔 세운 집들의 숫자보다 무려 일곱 배나 많은 수의 무덤이 만들어졌습니다.

영국에서 가져온 씨앗들은 제대로 자라지 못했고, 식량과 원조 물자를 가지고 오기로 한 배는 도리어 먹어야 할 입만 서른다섯을 싣고 왔을 뿐 식량이라고는 조금도 가져오지 못했습니다. 그러한 난관을 극복하기 위해 그들은 물고기를 잡고, 야생 조류들과 사슴을 사냥했습니다.

이제 그들에게는 아주 조금의 영국식 음식과 약간의 인디언 옥수수만이 남아 있을 뿐이었습니다. 그러나 그들은 그러한 삶

속에서도 지속적인 감사를 드렸습니다.

그 한 예로 조개와 물뿐인 부족한 플리머스식 저녁을 먹으면서 자라난 윌리엄 브루스터는 늘상 다음과 같이 말했습니다.

"바다의 풍성함과 모래에 감추어진 보석을 주신 하나님께 감사드립니다."

오늘날의 기준에 의하면 그들은 거의 아무 것도 가지지 못했습니다. 그러나 그들은 위대한 감사의 능력을 소유하고 있었습니다. 감사는 가장 커다란 그리스도인의 은혜 가운데 하나입니다.

하나님이 여러분에게 내려주신 모든 축복들을 볼 수 있는 눈을 열어달라고, 그리고 새로운 감사의 영을 달라고 하나님께 간구하십시오.

「희망」, 빌리 그래함

역경 속에서도 감사한 바울

※ 비록 무화과나무가 무성하지 못하며 포도나무에 열매가 없으며 감람나무에 소출이 없으며 밭에 먹을 것이 없으며 우리에 양이 없으며 외양간에 소가 없을지라도 나는 여호와로 말미암아 즐거워하며 나의 구원의 하나님으로 말미암아 기뻐하리로다 (합 3:17,18)

만일 어떤 사람에게 불평할 권리가 있다면, 친구와의 관계가 끊어지고, 부당하게 고소당하고, 잘못도 없이 매를 맞았던 바로 이 사람일 것입니다.

그는 가혹한 로마의 감옥에서 거의 잊혀진 채 괴로운 생활을 하고 있었습니다. 그러나 그는 불평하지 않았으며 오히려 그의 입술에서는 찬양과 감사가 울려나왔습니다.

이 사람은 사도 바울입니다. 그는 엄청난 역경 가운데서도 진정한 감사의 의미를 배운 사람이었습니다. 그는 감옥에서 다음과 같이 노래했습니다.

"시와 찬송과 신령한 노래들로 서로 화답하며 너희의 마음으로 주께 노래하며 찬송하며 범사에 우리 주 예수 그리스도의 이름으로 항상 아버지 하나님께 감사하며."(엡 5:19,20)

상황이 어떠하든지 그는 범사에 항상 아버지 하나님께 감사했습니다. 간수와 동료 죄수들은 그가 미쳤다고 생각했을 것이 분명합니다. 그러나 그것도 그를 멈추게 할 수 없었습니다.

바울에게 있어 감사는 일 년에 한 번 하는 기념이 아니라, 그가 모든 상황 가운데서 즐거운 사람이 될 수 있게 해준 일상의 실체였습니다. 그것이 우리에게도 진실이 되기를 원합니다.

「희망」, 빌리 그래함

하나님은 감사하는 자의 마음에 계신다

**내게 주신 모든 은혜를 내가 여호와께 무엇으로 보답할까 내가 구원의 잔을 들고 여호와의 이름을 부르며 (시 116:12,13)

감사하는 마음은 그리스도인의 삶의 모든 윤리와 철학의 기초입니다.

철학자였던 키케로는 "감사하는 마음은 가장 위대한 덕일 뿐만 아니라 모든 다른 덕의 부모이다"라고 말했습니다.

모든 인격의 도야와 수양은 감사하는 마음에서 출발합니다. 그러므로 하나님과 인간관계에서 감사하는 마음은 참으로 중요합니다.

플르타크는 "하나님이 가장 잘 받으시는 예배는 감사하는 마음과 기쁜 마음으로 드리는 예배이다"라고 말했고, 아이삭 왈튼은 "하나님은 두 곳에 계시는데 한 곳은 천국이요, 다른 한 곳은 감사하는 자의 마음이다"라고 했습니다.

시편 기자도 "내가 주의 의로운 규례들로 말미암아 밤중에 일어나 주께 감사하리이다"(시 119:62)라고 고백했습니다.

그렇다면 감사의 원천은 무엇일까요? 왜 감사해야 할까요? 예수님의 보혈로 영혼의 질병을 치유받았기 때문에 감사해야 합니다. 하나님이 그의 독생자를 보내셔서서 우리를 위해 죽게 하시고 영생을 주셨기 때문에 감사해야 합니다.

우리가 가지고 있는 모든 것이 하나님의 은혜입니다. 햇빛도 비도 공기도 산천초목, 오곡백과도 하나님이 거저 주신 것입니다. 사실상 인간의 영과 육의 모든 것은 하나님의 은혜로 말미암아 살아가는 것입니다. 그러므로 우리는 항상 하나님의 은혜를 잊지 말아야 합니다.

시편 기자는 "내 영혼아 여호와를 송축하며 그의 모든 은택을 잊지 말지어다"(시 103:2)라고 노래합니다.

우리의 감사는 영혼 구원에 대한 감사만이 아니라 하나님이 우리에게 주신 모든 것에 대한 감사입니다.

「365 경건 메시지4」, 김연택

크리스천의 자질, 3C

너희도 그들 중에서 예수 그리스도의 것으로 부르심을 받은 자니라
(롬 1:6)

정치학에서 정치 지도자가 갖추어야 할 세 가지 자질로써 인격(Character), 확신(Confidence), 용기(Courage)를 꼽습니다. 모두가 'C' 자로 시작되는 단어이므로 '3C' 라 부릅니다.

이는 비단 정치가들에게만 한정된 덕목이 아니라 크리스천 모두에게 해당되는 덕목이라 여겨집니다. 우리가 살고 있는 시대와 이 사회는 너무나 변화무쌍합니다. 이렇게 변하는 시대에 변하지 않는 진리의 사람으로 살려면 우리의 영혼 속에 변하지 않는 가치를 가져야 합니다. 그렇게 변하지 않는 가치의 기준이 바로 인격과 확신과 용기입니다.

그렇다면 먼저 우리가 지녀야 할 인격은 어떤 인격입니까? 그리스도 안에서 거듭난 인격이요, 그리스도를 닮아 가는 인격입니다. 이전 것은 지나가고 새로운 피조물이 된 인격입니다.

히브리서 13장 8절에서 말하기를 그리스도는 어제나 오늘이나 내일이나 변함없다고 했습니다. 그러한 그리스도를 따라 변하는 세상에서 변함없는 한결같은 인격, 그것이 우리가 따라야 할 목표입니다.

둘째는 확신입니다. 크리스천은 언제 어디서나 당당하고 분명해야 합니다. 위로부터 얻은 바 확신에 서 있기 때문입니다. 확신에 서 있어서 굳세고 흔들림이 없습니다. 세상일에 대하여 타협하거나 굴복하지 않습니다.

마틴 루터(Martin Luther, 1483-1546)가 이런 확신 위에 선 크리스천의 모범을 보여 주었습니다. 그가 웜스 회의에 나갈 때 동지들이 함정이라고 피할 것을 권했습니다. 그러나 그는 "웜스 시내에 마귀의 숫자가 지붕의 기왓장 같이 많을지라도 나는 간다. 임마누엘 주님이 같이 계심을 믿기 때문이다"라고 했습니다.

그야말로 확신 중의 확신입니다. 크리스천이 반드시 지녀야 할 확신 다섯 가지를 다시 기억해 봅시다. 구원의 확신, 임마누엘 주님의 확신, 기도응답의 확신, 천국 소망의 확신, 세상 변화의 확신입니다.

그리고 용기는 무엇입니까? 예수님께서 원하시는 것을 위해 내가 원하는 것을 버릴 수 있는 것이 크리스천의 용기입니다. 이미 예수님께서 본을 보이신 것처럼 성문 안에서 성문 밖으로 나갈 수 있는 용기입니다. 성문 안 교회에서 받은 은혜에 힘입어 성문 밖 세상으로 나가 세상을 변화시킴에 도전하는 용기, 그것이 크리스천이 품은 용기입니다.

인격, 확신, 용기를 지닌 크리스천이 되어 교회를 일으키고 백성을 섬기며 시대를 만들어 나가는 신앙인이 됩시다.

신뢰를 상실한 그리스도인

※ 그러나 너희는 택하신 족속이요 왕 같은 제사장들이요 거룩한 나라
요 그의 소유가 된 백성이니 이는 너희를 어두운 데서 불러내어 그의
기이한 빛에 들어가게 하신 이의 아름다운 덕을 선포하게 하려 하심
이라 (벧전 2:9)

1989년도 아카데미 여우주연상을 받은 제시카 탠지와, 1990년
도 여우주연상 수상자인 캐시 베이츠가 함께 열연한 영화 '후라
이드 그린 토마토(Fried Green Tomatoes)'를 본 적이 있습니다.
유명한 퓰리처상 후보작으로 올랐던 같은 제목의 소설을 영화
화한 것으로, 1930년 미국의 남부에서 일어났던 실화를 그 내용
으로 하고 있습니다.

여주인공 잇지는 어느 날 느닷없이 살인범의 누명을 쓰게 됩
니다. 그녀는 결코 살인한 적이 없음에도 모든 정황은 그녀를 살
인범으로 몰아갑니다. 법정에서 자신의 무죄를 항변해 보지만
이미 설득력이 없습니다.

그런데 마지막으로 증언대에 선 그 지방의 목사님이 잇지에게 결정적으로 유리한 증언을 했습니다. 즉 사건 당일 밤, 잇지는 부흥회에 참석하고 있었으므로 절대 살인범일 수 없다는 내용이었습니다.

목사님의 증언을 들은 잇지는 깜짝 놀랐습니다. 자신은 그날 밤 부흥회에 참석치 않았기 때문입니다. 그러나 잇지의 결백을 믿고 있던 목사님이 잇지를 살리기 위해 거짓말을 한 것이었습니다.

판사는 목사가 행한 증언의 사실 여부를 따지지 않았습니다. 목사의 증언과 동시에 문제의 사건을 죽은 자의 실수로 인한 단순 사고로 판정, 재판을 중단하고 잇지를 풀어 주었습니다.

이유인즉 모든 사람이 신뢰하고 존경하는 목사님의 증언을 믿기 때문이라는 것이었습니다. 이에 조금 전까지 서슬 퍼렇게 잇지를 살인범으로 몰아세우던 검사마저도 자신의 주장을 철회해 버리고 말았습니다.

이것은 작가가 꾸며낸 이야기가 아닙니다. 불과 60년 전에 실제로 있었던 일입니다. 그만큼 당시의 그리스도인들과 교역자들은 사회로부터 신뢰와 존경을 받았습니다.

그러나 지금은 어떻습니까? 미국에서 그리스도인이나 교역자라는 것만으로는 더 이상 신뢰를 받지 못합니다. 교역자가 오히려 사회의 조롱거리가 되어 있는 경우가 비일비재 합니다.

그렇다면 우리가 살고 있는 이 땅은 어떻습니까? 이 땅 역시 예외는 아닙니다. 이 땅에서도 그리스도인들이 사회로부터 신뢰를 받은 적이 분명히 있었습니다. 그러나 그것은 이제 옛말이 되어버리고 말았습니다. 무슨 사건이든 터졌다 하면, 그 사건의 한 가운데엔 언제나 그리스도인들이 자리하고 있습니다.

사회의 빛이요 소금이며, 길잡이요 안내자가 되어야 할 그리스도인들이 이처럼 신뢰를 상실한 이유가 무엇입니까? 우리가 믿고 있는 주님께 잘못이 있는 것입니까? 절대 아닙니다.

어느 나라 어느 곳에서건 그리스도인들이 사회로부터 신뢰를 상실했다는 것은, 우리가 믿는 그리스도에게 잘못이 있는 것이 아니라, 주님을 믿고 성경 말씀을 따른다는 우리의 믿음에 이상이 있는 것입니다.

나는 신뢰받는 그리스도인인가 되돌아보고, 신뢰를 회복하도록 노력하시기 바랍니다.

「요한과 더불어」, 이재철

선한 사마리아인

** 오직 선을 행함과 서로 나누어 주기를 잊지 말라 하나님은 이같은 제사를 기뻐하시느니라 (히 13:16)

한 신학교 교수가 설교에 관한 강의를 좀 특이한 내용으로 준비했습니다. 그는 한 학기 동안 학생들에게 '선한 사마리아인' 비유를 주제로 설교하라고 하면서, 매 강의 시간마다 한 사람씩 각자에게 정해진 강의실로 가서 설교하도록 시간표를 편성했습니다.

어떤 학생들에게는 그 강의실까지 가는 데 10분 정도의 시간을 주었고, 또 다른 학생들에게는 서둘러야만 하도록 그보다 짧은 시간을 주었습니다. 그리고 정해진 강의실까지 가는 길에는 도움을 필요로 하는 부랑자가 서 있도록 하였습니다.

그 부랑자를 도와주기 위해 가던 길을 멈춘 '선한' 학생들은 매우 적었습니다. 주어진 시간이 짧을수록 부랑자들을 돕기 위해 멈춘 학생들의 수가 적었습니다.

아마도 당신은 그 실험 결과가 장래 영적 지도자가 될 학생들에게 어떤 영향을 미쳤을지 상상할 수 있을 것입니다. '선한 사마리아인' 에 관한 설교를 하기 위해 서둘러 가면서, 그들은 그 설교의 핵심 내용이라 할 수 있는 '도움을 필요로 하는 사람' 을 그냥 지나쳐 간 것입니다.

"내가 배고플 때 당신은 인도주의 클럽을 만들어 내 배고픔을 주제로 토론을 벌였습니다. 내가 헐벗었을 때 당신은 마음 속으로 내 벗은 모습의 도덕성에 대해 논쟁을 벌였습니다. 내가 병들었을 때 당신은 무릎을 꿇고 당신이 건강한 것을 하나님께 감사드렸습니다. 내가 집 없이 떠돌아다닐 때 당신은 내게 하나님의 사랑의 은신처에 관한 설교를 해 주었습니다. 그러나 나를 집으로 데려다 주지는 않았습니다. 내가 외로울 때 당신은 나를 위해 기도하려고 나를 홀로 있게 했습니다. 당신은 너무나 거룩하고 하나님과 너무나 가까이 있지만, 나는 여전히 춥고 배고프고 외롭고 고통스럽습니다."

「내 인생을 바꾼 100가지 이야기」, 앨리스 그레이

하나님 아니세요?

**너희 소유를 팔아 구제하여 낡아지지 아니하는 배낭을 만들라 곧 하늘에 둔 바 다함이 없는 보물이니 거기는 도둑도 가까이 하는 일이 없고 좀도 먹는 일이 없느니라 (눅 12:33)

어디서나 늘 자기의 행동을 변명하는 사람을 만나게 됩니다. 미국에서는 이런 사람들을 '안락의자'라고 부른다고 합니다.

어떤 봉사를 목적으로 하는 모임에서 이런 아이디어를 내놓았다고 합니다. "일 년 중 하루라도 봉사를 하자"라고 말입니다.

어느 날 회장이 회원 가운데 한 사람에게 "자, 오늘은 당신이 봉사하기로 된 날입니다"라고 말하자 그는 꼭 오늘 해야만 하느냐고 물었습니다. 그리고는 오늘이 무척 바쁜 날이라고 변명을 했습니다.

투덜거리는 그에게 회장은 "네, 오늘 꼭 당신의 도움이 필요합니다. 빈민촌에서 가난한 임산부를 돕는 찰스 박사님이 급한 도움을 요청해 왔습니다. 그곳에 가서서 그 부인의 다섯 살 된 아이를 몇 시간만 맡아서 돌봐주십시오" 하고 말했습니다.

어쩔 도리가 없어진 그가 도착하자마자 챨스 박사는 그에게 아이를 맡기고 부인을 병원으로 옮겼습니다. 그의 차에 탄 아이는 운전하는 그를 뚫어지게 쳐다보았습니다. 그리고 한참 만에 입을 열었습니다.

"선생님, 선생님은 하나님이신가요?" 그는 너무나 당황해서 큰 소리로, "무슨 소리야, 나는 하나님이 아니야"라고 말했습니다. 그의 목소리에 기가 질린 아이는 잠시 아무 말도 안 하고 있다가 잠시 후 다시 물었습니다.

"저, 선생님이 정말 하나님이 아니시란 말이지요?"

"얘야, 어째서 내가 하나님이란 생각을 했지?"

다섯 살 난 어린 꼬마는 천진난만하게 이야기하기 시작했습니다.

"엄마는 아파서 죽겠다고 막 울었어요. 저는 이럴 때는 하나님만이 우리를 도와주실 수 있을 것이라고 생각하고 기도했어요. 그때 선생님이 오셨어요. 그리고 우리를 도와주셨지요. 그래서 저는 선생님이 하나님이 틀림없다고 생각하게 되었어요."

마지못해서 행한 자신의 봉사가 하나님을 대신하게 된 것을 깨닫고 그는 감동했습니다.

그 후로 그는 어떻게 되었을까요? 일 년의 하루뿐만 아니라 아무리 바빠도 시간을 내어 틈나는 대로 남을 도왔습니다. 그래서 그는 열성적인 봉사 회원이 되었고 훗날 자신의 과거에 대해 간증했다고 전해집니다.

우리들 주위에는 조그마한 사랑과 봉사가 필요한 불우한 이웃이 많습니다. 그들에게는 그것이 하나님의 기적적인 도우심이 될 수도 있습니다. 우리의 조그만 도움이 하나님의 도움으로 여겨질 어려운 이웃을 찾아 길을 나서봅시다.

윤형주

하나님과의 관계에서 느끼는 완전한 성취감

❋ 여호와여 나의 영혼이 주를 우러러보나이다 … 주의 진리로 나를 지도하시고 교훈하소서 주는 내 구원의 하나님이시니 내가 종일 주를 기다리나이다 (시 25:1,5)

당신의 인생이 높은 사다리를 오르는 과정이라고 가정해 보십시오. 사다리 꼭대기에 다 올라간 뒤 사다리를 다른 벽에 놓았음을 알게 된다면, 그것은 얼마나 비극일까요? 오직 한 번뿐인 인생을 잘못 살아버린 것입니다.

당신과 하나님의 관계가 당신의 인생에 있어서 가장 중요한 단일 요소입니다. 그것이 올바로 되어 있지 못하다면 다른 그 어떤 것도 가치가 없습니다.

그 분과의 관계가 당신이 소유한 전부라 해도 완전한 만족을 느끼십니까? 많은 사람들은 이렇게 말할 것입니다. "글쎄요. 그 외에 뭔가 다른 것도 하고 싶습니다." 혹은 "하나님께서 제게 무언가 사역이나 다른 할 일을 주시면 좋겠는데요." 우리는 실로 무언가를 '하는' 사람들입니다. 우리는 무엇을 하느라 바쁜 상태가 아니면 무가치하고 쓸데없다고 느낍니다.

그러나 하나님께 사랑받는 것이 인생에서 가장 고귀한 관계이며, 가장 고귀한 성취이며, 가장 고귀한 지위입니다. 하나님은 순종하라고, 하나님이 시키시는 일이면 무엇이든지 하라고 당신을 부르실 것입니다.

그러므로 당신이 자신의 성취감을 위해서 무언가를 할 필요는 없습니다. 하나님과의 관계만으로도 완전한 성취감을 느낄 수 있습니다. 하나님 말고 당신에게 무엇이 더 필요하다는 말입니까?

진실한 교제

> ※ 우리가 보고 들은 바를 너희에게도 전함은 너희로 우리와 사귐이 있게 하려 함이니 우리의 사귐은 아버지와 그의 아들 예수 그리스도와 더불어 누림이라 (요일 1:3)

진정한 교제는 피상적이고 표면적인 상호 작용이 아닙니다. 진실하며 때로는 아주 깊은 나눔입니다.

그것은 사람들이 자신의 삶에서 일어나고 있는 일들을 진실하게 이야기할 때만 가능해집니다. 그들은 상처를 나누고, 감정을 표현하며, 실패를 고백하고, 의심을 보이며, 두려움을 시인하고, 약점을 깨달으며, 기도를 부탁합니다.

이러한 진실함을 어떤 교회에서는 전혀 찾아볼 수가 없습니다. 진실하고 인간적인 분위기 대신 가식적인 모습을 보이고, 본래의 자신의 모습을 숨기며, 자기 방어를 하고, 가식적인 친절을 베풉니다. 깊이가 없는 얕은 대화를 나눕니다. 사람들은 가면을 쓰고 경계하면서, 그들의 삶이 모두 장밋빛인 것처럼 행동하는

데 이러한 태도는 진정한 교제를 해치는 것입니다.

우리의 삶에 대해 솔직하게 이야기할 때만이 우리는 진정한 교제를 경험할 수 있습니다.

요한일서 1장 7절, 8절에 "그가 빛 가운데 계신 것 같이 우리도 빛 가운데 행하면 우리가 서로 사귐이 있고 그 아들 예수의 피가 우리를 모든 죄에서 깨끗하게 하실 것이요 만일 우리가 죄가 없다고 말하면 스스로 속이고 또 진리가 우리 속에 있지 아니할 것이요"라고 말씀하셨습니다.

많은 사람들은 자신의 상처, 잘못, 두려움, 실패 그리고 실수들을 숨기고 싶어합니다. 그래서 아무에게도 말하지 않는데 그것은 이웃들에게 진실함으로 다가서지 못하게 합니다.

야고보서 5장 16절에 "그러므로 너희 죄를 서로 고백하며 병이 낫기를 위하여 서로 기도하라"고 말씀하셨습니다.

물론 진실해지는 것은 위험한 일이고, 용기가 필요하며, 겸손해야 할 수 있습니다. 노출, 거부, 그리고 또다시 상처받을 것에 대한 두려움에 직면하기 때문입니다.

누가 이런 위험을 감수하겠습니까? 하지만 솔직하고 진실해져야 영적으로 성장할 수 있습니다.

「목적이 이끄는 삶」, 릭 워렌

엮이지 못한 뿌리

✽✽ 서로 돌아보아 사랑과 선행을 격려하며 (히 10:24)

런던을 방문하는 동안 주님께서는 그리스도인의 교제에서 첫 번째로 중요한 것을 생각나게 해주셨습니다.

최근 태풍이 영국 전역을 강타하여 많은 피해가 있었고 아직도 곳곳에 그 상흔이 역력합니다. 태풍으로 인한 피해 보고 중에서 참 특별한 것이 하나 있었습니다.

런던 근교의 한 숲에서 발생한 일이었는데 많은 나무, 대부분의 나무가 아니라 모든 나무가 뿌리가 뽑혀 땅바닥에 넘어져 있었습니다. 이를 조사한 과학자들은 너무도 놀랐습니다.

어떻게 이런 일이 있을 수 있는가? 태풍이 불면 숲에 피해가 있으리라는 것은 누구나 예상할 수 있는 것이지만, 이와 같은 일은 지금까지 본 바가 없었습니다.

그래서 학자들로 구성된 조사팀이 그 원인을 규명하는 작업을 시작했습니다. 그 결과 조사팀이 발견한 것은 그 나무들을 심을 때 누군가가 끔찍한 실수를 했다는 것이었습니다.

나무를 심을 때 간격을 너무 띄워 나무들끼리 뿌리가 서로 얽힐 수 없게 만들었던 것입니다. 나무들은 각각 따로따로 서 있었고, 강풍이 불자 모두 넘어진 것입니다.

이 사건을 통해서 우리가 생각해야 할 점은 나무와 같이 우리도 서로를 필요로 한다는 것입니다. 우리에게는 서로의 사랑과 관심과 기도가 필요합니다. 그리스도 안의 형제 · 자매들과의 긴밀한 교제 가운데 있지 않고 홀로 있으려 하는 사람은 언젠가 어려운 상황에 빠지게 되면 금방 실족하고 맙니다.

하나님께서는 우리가 동료 그리스도인들의 관심과 보살핌이 없이 혼자 살아가도록 계획하신 적이 없습니다. 하나님의 계획하심 가운데 우리는 서로 붙들어 주며 도와 주어야 합니다.

「제자가 되는 길」, 리로이 아임스

주님, 너무 많습니다

❋ 여호와는 나의 목자시니 내게 부족함이 없으리로다 (시 23:1)

나는 멕시코의 아주 가난한 사람들이 사는 마을에 단기 선교를 다녀왔던 일을 잊을 수가 없습니다.

그 교회의 목사는 작은 단칸방 집에 살고 있었습니다. 그 교회의 성도들 중 많은 남자들이 직업이 없었습니다. 아이들은 누더기를 입고 있었고(누더기라도 있는 아이들의 경우에) 맨발로 놀고 있었습니다. 그들의 유일한 장난감은 줄에 매달은 낡은 기름 여과기였습니다.

저녁 식사 시간이 되었을 때 그들은 쓰레기더미에서 주운 낡은 정원 의자에 달린 쇠로 된 편편한 자리를 가져다가 불 위에 석쇠 대신 올려놓았습니다. 그리고는 내 평생 본 중에서 가장 마르고 작은 닭 한 마리를 가져와서 불에 구웠습니다. 음식이 다 준비되었을 때, 그 목사는 사람들을 조용하게 한 후에 이렇게 기도했습니다.

"오 주님, 당신은 저희에게 너무나 많은 것을 주셨습니다…."

나는 그때 완전히 식욕을 잃었습니다. 그것은 음식 때문이 아니었습니다. 나는 이 사람이 자기의 삶에 대하여 만족해하는 것에 대해서 무척이나 놀랐습니다.

'너무나 많은 것을 주셨다니? 설마 농담이겠지. 어떻게 그런 말을 할 수 있지?'

나는 너무나 의아해하며 이렇게 생각하고 있었습니다. 그때 주님께서 내게 말씀하셨습니다.

"하워드야, 그것은 어떻게 보느냐에 달린 것이란다."

성숙한 신앙을 가진 사람은 하나님께서 주시는 것뿐 아니라 주시지 않는 것에 대해서도 감사하고 만족해 합니다.

「사람을 세우는 사람」, 하워드 헨드릭스

자족하기를 배우라

✲✲ 아침에 주의 인자하심이 우리를 만족하게 하사 우리를 일생 동안 즐겁고 기쁘게 하소서 (시 90:14)

재산이 많은 한 남자가 있었습니다. 하루는 그가 신문에 이런 광고를 냈습니다.

"자기 생활이 진실로 만족하고 행복한 것을 증명할 수 있는 사람에게는 누구든지 100만 달러를 주겠습니다."

이 광고가 나간 후 정말 너무나 많은 사람들이 구름 떼처럼 몰려왔습니다. 어떤 젊은 남자는 자신의 직업에 만족한다고 말합니다. 이어서 꽤 나이가 들어 보이는 어떤 사람은 세계 일류 대학교에서 박사 학위를 받은 것에 그리고 일류 강사임을 자랑하며 흐뭇해합니다. 또 이어서 어떤 여인은 "얼마 전 정말로 사랑하는 남자를 만났습니다. 우린 다음 달에 결혼하기로 했답니다" 하며 행복한 미소를 지어 보였습니다.

많은 사람들이 저마다 자신이 얼마나 행복한지를 이 재산가에게 이야기하고 보여주느라 무척 신경을 쓰고 있었습니다.

그러나 이 재산가는 100만 달러를 아무에게도 주지 않았습니다. 왜냐하면 재산가가 원하는 답변은 이런 것이었기 때문입니다.

"내가 정말로 행복한데, 당신 돈 100만 달러를 무엇 때문에 원하겠소? 당신 돈 없어도 나는 충분히 행복하오."

나는 내 삶에 만족하고 있습니까? 내 삶에 유익이 되는 것은 과연 무엇입니까? 하나님은 내게 필요한 여러 가지 것들을 주셨습니다. 그런데 우리는 그것은 젖혀둔 채 또 다른 어떤 것을 갖고자 욕심을 부립니다.

하나님은 우리 모두에게 다 만족할 만한 삶을 주셨습니다. 사람들마다 개인차가 있고 양적인 차가 있겠지만, 하나님은 질적인 차이를 두지 않으셨습니다.

사도바울은 "내가 궁핍하므로 말하는 것이 아니니라 어떠한 형편에든지 나는 자족하기를 배웠노니 나는 비천에 처할 줄도 알고 풍부에 처할 줄도 알아 모든 일 곧 배부름과 배고픔과 풍부와 궁핍에도 처할 줄 아는 일체의 비결을 배웠노라"(빌 4:11,12)고 고백했습니다.

오늘도 주님의 인자하심으로 우리를 만족케 하시는 삶의 기쁨

과 즐거움을 만끽하는 하루가 되기를 기도합시다. 엄마 품안에
있는 아이처럼 그분의 품안에서 최상의 만족함과 풍성함을 누
리십시오.

사랑의 본질

본래 사랑이란 특별한 한 사람과의 관계를 말하는 것이 아닙니다. 사랑이란 태도이며 인격에 대한 지향입니다.

사랑은 한 사람이 세계를 전체로 받아들이는 데 결정적인 역할을 하는 상관성이므로 단 한 사람만의 '대상'을 위한 것이 아닙니다. 오직 한 사람만을 사랑하여 다른 나머지 사람들에게 무관심하다면 그것은 사랑이 아니라, 애착이거나 확대된 이기주의에 지나지 않습니다.

아직도 많은 사람들은 사랑은 능력이 아니라 대상에 의해서 성립된다고 믿습니다. 왜냐하면 사랑은 활동이며, 영혼의 힘이라는 것을 깨닫지 못하고, 오직 필요한 것은 자기에게 맞는 적절한 대상을 찾는 것이며, 그 후에는 저절로 사랑이 이루어진다고 믿고 있기 때문입니다.

이러한 태도는 그림을 그리고 싶어 하면서도 기술은 배우지 않고 적절한 대상만 찾아내면 아름다운 걸작을 그릴 수 있다고 주장하는 사람과도 같습니다.

만약 내가 진정으로 한 사람을 사랑한다면 나는 모든 사람을 사랑하고 세계를 사랑하고 사람을 사랑하게 됩니다. 만약 내가 누군가에게 "당신을 사랑합니다"라고 이야기할 수 있다면 "나는 당신을 통해 모든 사람을 사랑하며, 세계를 사랑하며, 내 인생을 사랑합니다"라고 말할 수 있어야 합니다.

「사랑의 기술」, 에리히 프롬

성화되어 가는 사랑

** 사랑하지 아니하는 자는 하나님을 알지 못하나니 이는 하나님은 사랑이심이라 (요일 4:8)

아직도 서점에서 꾸준히 인기를 얻고 있는 베스트셀러 가운데, 「모리와 함께 한 화요일(Tuesdays with Morrie)」이라는 책이 있습니다. 루게릭 병에 걸려 시한부 인생을 살아가는 노교수 모리와 제자 미치가 나누었던 '인생의 의미' 에 관한 수업 내용을 담은 책입니다.

이 책에서 모리는 미치에게 이렇게 말합니다. "이 병을 앓으며 배운 가장 큰 것을 말해 줄까? 인생에서 가장 중요한 것은 사랑을 나눠 주는 법과 사랑을 받아들이는 법을 배우는 거야."

사람은 처음 태어날 때부터 죄로 말미암아 철저히 부패했습니다. 따라서 그는 참된 사랑을 할 수 있는 충분한 가능성과 기능을 가지고 태어나지 못했습니다. 사랑을 할 수 있는 능력에 있어서 무능한 존재로 태어난 것입니다.

물론 그래도 인간은 하나님의 형상을 입은 존재이기에 어느 정도는 사랑할 수 있는 가능성이 있습니다. 그러나 그것은 참다운 사랑의 삶을 살아가게 할 수 있을 만한 것이 못됩니다.

사랑에 무능한 존재인 인간에 대한 궁극적인 치료는 하나님의 놀라운 사랑을 깨닫고 배우는 것입니다. 온전한 사랑을 받은 사람들만이 온전한 사랑을 베풀 줄 압니다. 사랑은 학습을 통해 습득되는 것이 아니라, 삶과 인격에 배인 경험을 통해서 습득되는 것이기 때문입니다.

그러므로 사랑의 삶을 살기 원한다면, 우리는 제일 먼저 예수 그리스도 안에 나타난 하나님의 큰 사랑에 대한 개인적인 체험을 가져야 합니다. 그러면 사랑의 능력이 마치 은사처럼 우리에게 주어집니다.

그러므로 예수 그리스도의 십자가 사건에 나타난 하나님의 사랑을 체험해 보지 못한 사람이 생각하고 있는 사랑은 아가페적인 사랑이 아닐 가능성이 많고, 설령 그가 아가페적 사랑에 대한 바른 개념을 소유했다 하더라도 그에게는 실제로 그런 사랑을 할 수 있는 능력이 없습니다.

그러나 하나님의 사랑을 경험했다고 해서, 참된 사랑의 능력을 다 소유하는 것도 아닙니다. 사랑은 은사처럼 주시는 것이지만, 그 사랑의 상당히 많은 부분이 성화의 영역 속에 들어 있기 때문입니다.

사랑은 성화와 밀접하게 관련된 은사입니다. 따라서 한 번 받았다고 그냥 간직하고 있어서는 안됩니다. 사랑하고 사랑받아 가며, 끊임없이 성장시켜 가야 하는 것입니다.

「고린도전서 13장 묵상 사랑」

이것이 바로 은혜다

※ 여호와 하나님은 해요 방패이시라 여호와께서 은혜와 영화를 주시며 정직하게 행하는 자에게 좋은 것을 아끼지 아니하실 것임이니이다 (시 84:11)

몇 해 전에 책에서 아우카 인디언의 한 부족에 의해 그곳에서 선교하던 엘리자베스 앨리엇의 남편인 짐 앨리엇 선교사가 잔혹하게 피살된 이야기를 읽은 적이 있습니다.

짐 앨리엇과 함께 네 명의 젊은 선교사들은 미개한 그곳 인디언들에게 복음을 전하려는 소망을 품고 그들과 돈독한 유대관계를 형성하기 위해 여러모로 노력을 기울이고 있었습니다. 그러나 짐 앨리엇은 인디언들에게 잔인하게 살해되었습니다.

짐 앨리엇의 아내 엘리자베스 앨리엇은 남편을 살해한 사람들을 진심으로 용서했습니다. 그리고 그들에게 사랑을 베풀고 복음을 전했습니다.

그녀가 그들을 용서하는 것으로 마쳤다면 단지 자비를 베푼 것일 뿐입니다. 그러나 이 잔학 행위에 대한 그녀의 반응은 자비를 초월한 것이었습니다. 그녀는 남편을 죽인 인디언들이 사는 마을에 찾아갔습니다. 그리고 그들에게 용서를 표시했을 뿐 아니라 남편을 죽인 바로 그 사람에게 자신의 사랑을 표현했습니다.

나는 짐 엘리엇을 살해한 사람을 이발해주는 그녀의 모습을 촬영한 사진을 보면서 이것이 바로 은혜라고 생각했습니다.

자비는 당연히 받아야 할 벌을 주지 않는 것입니다. 그러나 은혜는 자비를 훨씬 초월합니다. 은혜는 우리가 마땅히 받을 수 없는 것, 하나님의 아낌없는 자애를 우리에게 베풀어주는 것입니다.

죄에 대한 하나님의 분노를 그리스도가 떠맡았기 때문에 우리는 우리의 죄에 관해서 결코 책임지지 않을 것입니다. 그것이 자비입니다.

그리스도로 인하여 우리는 생명을 얻었습니다. 즐겁고 풍성하며, 유쾌하며 신성하고 영원한 생명을 얻었습니다. 그것이 바로 은혜입니다.

빈손으로 가는 나그네 인생길

※ 너희는 인생을 의지하지 말라 그의 호흡은 코에 있나니 셈할 가치가 어디 있느냐 (사 2:22)

인생의 본질을 안다면 애착을 버리는 과정은 그리 어렵지 않습니다. 어떤 거룩한 랍비의 이야기가 이 사실을 명확히 보여주고 있습니다.

미국인 몇 명이 폴란드 여행을 즐기고 있었습니다. 어느 마을을 지나다가 이들은 거룩한 랍비의 이야기를 듣게 되었습니다.

그 랍비는 인생의 대부분을 그 마을에서 보내고 있다고 했습니다. 이 거룩한 사람을 보려고 그의 집을 찾아간 그들은 집에 들어서면서 깜짝 놀랐습니다. 살림살이가 거의 없이 집안이 썰렁했기 때문입니다. 랍비가 앉아서 성경을 공부하는 의자와 책상, 그리고 간단한 침대가 가구의 전부였습니다.

이상하게 생각한 손님들은 물었습니다. "랍비님, 당신의 가구는 어디 있습니까?" 그러자 랍비는 잠시 책에서 눈을 떼고 이들을 올려다보며 이렇게 되물었습니다. "그러는 여러분의 가구는 어디 있습니까?" "우리의 가구요? 왜 우리가 가구를 들고 다닙니까? 우리는 잠시 지나가는 길입니다."

이들이 이렇게 대답하자 랍비가 말했습니다. "나도 똑같습니다."

소유에 대한 애착에서 벗어날 때 우리는 이 나그네 인생길에 들고 다녀야 하는 '가구'가 얼마만큼이 적절한지 깨닫게 됩니다. 그것을 깨달을 때 우리는 필요도 없는 물건을 지고 다니는 어리석음을 범하지 않게 됩니다.

그 자유와 더불어 날이 갈수록 점점 더 인생을 누리게 됩니다.

「네 선 곳은 어디든지 거룩한 곳이니라」, 에드워즈 헤이즈

하나님이 나를 보고 계신다

※ 여호와께서 너를 지켜 모든 환난을 면하게 하시며 또 네 영혼을 지
키시리로다 여호와께서 너의 출입을 지금부터 영원까지 지키시리로다
(시 121:7,8)

파울로 교수님은 나의 대학 4년 동안, 대학원 2년 동안 내게 라틴어를 가르쳐 주신 분입니다. 많은 시간 동안 내가 그분에게서 배운 것 두 가지를 꼽는다면, 하나는 라틴어이고, 하나는 하나님의 눈을 의식하는 마음입니다.

대학을 졸업할 즈음 같은 학과 친구와 함께 교수님 댁을 찾아간 적이 있었는데, 그 때의 방문이 나에게는 두고두고 기억되는 사건이 되었습니다.

그때 파울로 교수님과 나누었던 대화는 한 가지도 기억나는 것이 없습니다. 기억나는 것은 오직 그분의 방에 붙어 있던 라틴어로 된 짧은 문구였습니다.

"Me Vidit Deus" (메 비디트 데우스, '하나님이 나를 보고 계신

다’)

　한참 신앙적으로 살아보겠다고 결심하고 있던 터이라 그 문구
는 특별하게 나의 마음에 큰 감명을 주었습니다. 나를 바라보고
계신 하나님의 눈을 의식하며 생활한다는 것이 정신적으로는
큰 부담이 될 수도 있겠으나, 그 눈을 의식하며 경건하게 ‘하나
님 앞에’ (Coram Deo, 코람 데오) 산다고 하는 것은 얼마나 진지
한 삶의 자세일까요?

　세상의 많은 사람들이 ‘사람의 눈’을 의식하며 살아가고 있습
니다. 이 옷을 입으면 다른 사람이 나를 어떻게 보아줄까? 내가
이렇게 행동하면 다른 사람이 어떻게 볼까? 세상 사람들은 사람
의 눈에 잘 보이려고 노력하고, 그래서 다른 사람의 비위를 맞추
려고 노력하기도 합니다.

　우리는 사람의 눈을 의식하는 것이 아니라 ‘하나님의 눈’을
의식하면서 살아야 합니다. 하나님의 눈을 의식하면서 ‘하나님
앞에서’ 사는 삶이 얼마나 귀한가요!

「무엇이 삶을 아름답게 하는가?」, 김득중

긍휼히 여기시는 예수님을 따르자

※ 나와 같이 모든 일에 모든 사람을 기쁘게 하여 자신의 유익을 구하지 아니하고 많은 사람의 유익을 구하여 그들로 구원을 받게 하라 (고전 10:33)

하나님의 축복받은 아들이신 예수님은 긍휼히 여기시는 분입니다. 긍휼함을 보이는 것은 불쌍히 여기는 것과는 다릅니다. 불쌍히 여기는 것은 사람과 사람 사이에 거리감이 있음을 의미하며, 심지어는 사람을 낮추어 보는 것을 뜻하기도 합니다.

한 거지가 당신에게 돈을 달라고 해서 불쌍히 여긴 나머지 당신이 돈을 주었다면, 당신은 긍휼을 베푼 것이 아닙니다.

긍휼은 동정하는 마음에서 우러나오는 것입니다. 또한 긍휼은 동등하게 되겠다는 마음가짐에서 나오는 것입니다.

예수님은 우리를 낮추어 보지 않으셨습니다. 그분은 우리들 중 한 사람이 되기를 원하셔서 우리와 함께 깊이 느끼려고 하셨습니다.

예수님이 나인성에 사는 한 과부의 죽은 외아들을 살리신 것은 고통스러워하는 그 과부의 슬픔을 예수님 자신이 가슴속 깊이 느끼셨기 때문입니다(눅 7:11-17).

우리의 형제·자매에게 긍휼을 베푸는 방법을 배우고자 하면 예수님의 본을 따르십시오.

「영혼의 양식」, 헨리 나우웬

당신은 할 수 있습니까?

** 오직 위로부터 난 지혜는 첫째 성결하고 다음에 화평하고 관용하고

양순하며 긍휼과 선한 열매가 가득하고 편벽과 거짓이 없나니

(약 3:17)

한 종군기자가 부상당한 병사의 다리에서 붕대를 풀고 있는 수녀의 모습을 한참 동안 지켜보고 있었습니다. 그 병사의 다리는 심하게 부패해 있었습니다. 피와 고름이 뒤범벅되어 역겨운 악취가 진동을 했습니다.

그 종군기자는 고개를 돌려 깊은숨을 내쉬면서 중얼거렸습니다.

"난 수억 달러를 준다 해도 이 일을 할 수 없을 것 같아."

병사의 다리에서 붕대를 풀던 수녀가 그를 올려다보며 대답했습니다.

"나도 할 수 없어요. 주님이 하시는 거예요."

주님이 우리를 돌보시듯이 병사를 긍휼히 여기는 마음으로 돌

보았던 그녀는 바로 노벨 평화상을 받은 마더 테레사입니다.

당신은 할 수 있습니까? 이 일이 할 만한 일입니까? 루스 함스 콜킨(Ruth Hams Calkin)은 우리 모두에게서 발견할 수 있는 미묘한 부분을 잘 지적했습니다.

"주님, 당신은 제가 얼마나 불 붙는 열정으로 주목을 받으며 당신을 섬기는지 아십니다. 당신은 제가 여성모임에서 당신에 대해 얼마나 열렬히 이야기하는지 아십니다. 당신은 제가 친교모임을 활성화시키기 위해 얼마나 노력하는지 아십니다. 당신은 제가 성경공부에 얼마나 열심을 가지고 있는지 아십니다.

그러나 만일 당신이 대야에 물을 담아 매일 매일, 수개월 동안 아무도 보지 않고 아무도 알지 못하는 방에서 허리가 굽고 주름이 잡힌 노인들의 거친 발을 씻어줄 것을 요구하신다면 저는 어떻게 반응해야 할지 모르겠습니다."

긍휼은 통상 아무도 알지 못하는 은밀한 행동에 자신을 겸손하게 내어주기를 기뻐하는 열심을 요구합니다. 오늘날과 같이 빠르게 돌아가고, 물질주의가 만연한 세상에서 그러한 일 앞에서 "내가 여기 있습니다. 나를 써 주세요"라고 말할 사람이 얼마나 있겠습니까?

하지만 이것보다 더 기본적인 것은 없으며, 이것보다 더 그리스도인답게 하는 것도 없습니다. 하나님의 사람들이 본을 보이며 살아야 하는 것이 한 가지 있다면 그것은 반드시 긍휼이어야만 합니다.

위대한 설교자였던 고(故) 존 헨리 조웹(John Henry Jowett)은 그의 삶 전체를 돌아보며 그가 가장 강조하고 싶은 것이 무엇이냐는 질문을 받았을 때 확실에 찬 목소리로 이렇게 대답했습니다.

"나는 긍휼과 위로를 제일로 꼽겠습니다."

「날마다 새롭게 시작하라」, 찰스 스윈돌

진정한 제자의 길

※ 또 무리에게 이르시되 아무든지 나를 따라 오려거든 자기를 부인하고 날마다 제 십자가를 지고 나를 따를 것이니라 (눅 9:23)

고난이야말로 진정한 제자의 길의 상징입니다. 그리스도를 따르는 것은 우리가 반드시 받아야 하는 고통을 의미합니다.

루터가 진정한 교회의 표적들 중에 고난을 넣었던 이유가 바로 이 때문입니다. 그리고 아우구스부르크의 신앙고백을 준비하며 작성한 비망록 중의 하나에도 교회를 '복음을 위하여 박해받고 순교당하는 사람들의 공동체'로 정의했습니다.

만일 우리가 십자가를 짊어지기를 거부한다면 우리는 그리스도와의 교제를 박탈당하고 그리스도를 따르지 못하게 될 것입니다. 그러나 만일 우리가 그리스도를 섬기는 가운데 우리의 십자가를 지고 간다면 우리는 그리스도와 십자가의 교제 가운데 우리의 생명을 다시 찾게 될 것입니다. 제자의 길의 반대는 그리스도와 그리스도의 십자가, 그리고 십자가가 가져오는 모든 모욕들을 부끄러워하는 것입니다.

제자의 길은 고난당하시는 그리스도에 대한 충성을 의미합니다. 그러므로 그리스도인들에게 고난을 받으라는 요구는 기쁨이며 그리스도의 은혜의 증거입니다.

초대 기독교 순교자들의 행동은 그리스도께서 말로 표현할 수 없는 임재의 확신을 주심으로써 어떻게 그들이 죽음의 고통을 당하는 때를 아름답게 하셨는지를 보여주는 완전한 증거입니다. 그들이 그리스도를 위해 무자비한 고문을 받을 때 그리스도와 함께하는 완전한 기쁨과 축복의 참여자가 되었습니다.

십자가를 지는 것은 고난에서 승리하는 유일한 길입니다. 이 승리의 길은 그리스도에게도 분명하였기 때문에 그리스도를 따르는 모든 사람들에게도 분명합니다.

진리는 인간의 삶 속에 있습니다

** 우리를 양육하시되 경건하지 않은 것과 이 세상 정욕을 다 버리고 신중함과 의로움과 경건함으로 이 세상에 살고 (딛 2:12)

　　누구나 자신의 삶과 유리된 지식이나 지혜를 몸에 지니는 것이 쉽지 않습니다. 반면에 자신의 삶과 깊은 관련이 있는 지식은 결코 잊을 수 없습니다. 사람들이 학교에 다니는 동안 많은 지식을 배우고 또 배웠음에도 기억하고 있는 지식의 양이 얼마 되지 않는 이유가 바로 여기에 있습니다.

　　당신의 기억 속에 남아 있는 지식은 얼마입니까? 그러나 당신이 지식을 배우는 목적은 지식 그 자체에 있지 않습니다. 콩나물 시루에 물을 주면 물은 아래로 다 흘러내림에도 콩나물이 자라는 것처럼 지식은 시간의 흐름 속에서 잊혀지지만 사람의 인격을 성숙케 하는 한 방편으로 작용합니다.

　　예수님께서 비유로 말씀하신 것은 당신에게 중요한 진리를 일깨워 줍니다. 그것은 당신의 삶 속에 진리가 있다는 것을 말합니다. 진리는 결코 당신의 삶과 아무런 상관이 없는 진공관이나 온실 속에 존재하지 않습니다. 예수님께서 인간의 몸을 입고 오셨다는 이 엄연한 사실이 이를 입증하고 있습니다.

인간으로 오신 예수님은 인간과 멀리 떨어져 사신 분이 아닙니다. 인간과 더불어 인간 속에서 인간과 함께 인간과 똑같이 사신 분입니다. 이러한 점에서 진리는 인간의 삶 속에 있습니다.

예수님께서 진리에 관해서 여러 가지 비유를 들어 말씀하셨습니다. 예수님께서 비유하신 그 모든 대상들은 여러분이 살아가는 주변에서 쉽게 발견할 수 있는 것들입니다. 결코 인간 세상에 없는 것이 아닙니다.

예수님께서 말씀하신 그 비유의 대상들이 무엇인지 한 번 바라보십시오. 밭, 논, 산, 하늘, 새, 들꽃 등 이 모두는 마음만 먹으면 언제든지 바라볼 수 있는 것들입니다. 당신이 사는 주변 어디에서나, 그리고 언제든지 바라볼 수 있는 여기에 진리가 있다고 예수님은 가르쳐 주십니다. 이 얼마나 고마운 가르침입니까?

예수님께서 비유로 말씀하신 또 하나의 이유는 누구나 진리를 깨달을 수 있다는 것을 가르쳐 주십니다. 비유로 말씀하신 그 모든 것이 삶 속에 있는 것이기에 살아있는 사람이라면 누구나 자신의 삶을 통해서 진리를 깨달을 수 있다는 것을 말합니다.

인간으로 오신 예수님께서 특별한 삶이 아니라 여느 사람과 다를 바 없는 삶을 사셨다는 것은 당신에게 많은 위로와 용기를 주지 않습니까? 이러함에도 당신은 진리를 깨닫는 것이 자신과는 상관없는 일이라 여겨 게을리 하겠습니까?

다시 한 번 명심하십시오. 진리는 당신의 삶 그 자체입니다.

「생활과 묵상 2」

친절한 그리스도인

※ 각각 자기 일을 돌볼 뿐더러 또한 각각 다른 사람들의 일을 돌보아 나의 기쁨을 충만하게 하라 (빌 2:4)

친절은 인간의 아름다운 속성입니다. 우리가 "그 여인은 참으로 친절한 사람이야" 또는 "그 사람은 참으로 나에게 친절했어"라고 말할 때, 매우 흐뭇한 경험을 말하고 있는 것입니다.

경쟁적이며 또 때로는 폭력적인 이 세상에서 친절을 자주 접하기란 흔치 않습니다. 그러나 우리가 친절을 대하게 될 때 우리는 축복받고 있다는 사실을 알게 됩니다.

우리가 친절 속에서 자라며 또 친절한 사람이 될 수 있을까요? 물론 그렇게 될 수 있습니다. 그러나 그렇게 되기 위해서는 훈련이 필요합니다.

친절하다는 것은 다른 사람을 당신의 '친족(kin)'처럼 또는 당신의 가까운 친척처럼 대하는 것을 뜻합니다. "우리들은 친족입니다" 또는 "그 사람은 가까운 친척입니다"라고 우리들은 말합니다. 친절하다는 것(to be kind)은 사람들을 '친족(kindred)' 으로 생각하고 손을 내미는 것입니다.

여기에 우리들에게 하나의 큰 도전이 있습니다. 피부 색깔이나 종교, 성에 관계없이 모든 사람들은 같은 인류에 속하며, 서로 친절해야 하며, 그리고 서로를 형제자매처럼 대접해야 한다는 것이 바로 그것입니다.

우리의 생애에 있어서 우리가 이 도전에 직면하지 않는 날은 하루도 없습니다.

「영혼의 양식」, 헨리 나우웬

바른 친절과 바르지 못한 친절

※ 너희가 갇힌 자를 동정하고 너희 소유를 빼앗기는 것도 기쁘게 당한 것은 더 낫고 영구한 소유가 있는 줄 앎이라 그러므로 너희 담대함을 버리지 말라 이것이 큰 상을 얻게 하느니라 (히 10:34,35)

'바르다' 라는 말은 도대체 어떤 의미일까요? 잘 생각해 보면 이것만큼 애매모호한 말도 없는 것 같습니다.

남에게 친절하게 대하는 것은 올바른 행위라고 생각합니다. 하지만 진심으로 남을 위한, 나아가서는 자신을 위한 바른 친절은 어떤 친절일까요? 무슨 일이든 도와주는 것일까요? 아니면 모든 것을 양보하는 것일까요? 언제나 마음을 써 주는 것일까요? 도대체 어떤 것일까요?

그러고 보면 바른 친절과 바르지 못한 친절을 판단하는 것은 정말 불가능한 것 같습니다. 매번 사정이 다르기 때문입니다. 도와주거나 양보하는 일이 실제로는 전혀 친절이 아닌 경우도 있으며 상대에 대한 배려가 오히려 상대에게 폐를 끼치는 경우도 있습니다.

중요한 것은 바른가, 바르지 못한가가 아니라 상대를 자세히 볼 것, 그리고 상대를 통해 자신도 볼 것입니다. 그렇게 함으로써 상대가 자신과의 관계를 비뚤어지지 않은 마음으로 볼 수 있을 때 친절을 행해야 하는 것입니다.

몇 년 전, 어느 지하철역에서 지팡이로 길을 더듬어서 걸어가는 사람을 보았습니다. 그 사람도 나도 역으로 들어가는 계단을 내려가고 있었습니다. 나는 지팡이로 발 밑을 확인하며 내려가고 있는 그의 모습을 보면서 도움을 주고자 했습니다. 그래서 옆으로 다가가서는 그 사람의 왼팔에 손을 올리며 "제가 좀 도와 드릴까요?" 하고 물었습니다.

순간 그 사람의 몸이 굳어지는 것을 느끼면서 나는 내가 실수를 저질렀음을 알았습니다. 생각해 보세요. 갑자기 누군가가 뒤에서 당신의 팔을 잡으면 어떤 느낌이 들겠습니까? 깜짝 놀라는 것이 당연하겠지요.

그렇습니다. 나는 그 사람을 도와주기 전에 먼저 말을 걸어야 했습니다. "제가 좀 도와 드릴까요?" 하고 물어 본 다음에 상대가 나의 도움을 필요로 했을 때 그 사람의 팔을 잡았어야 했습니다.

어려움에 처한 장애인을 도와주는 것은 명백히 친절한 행위입니다. 바른 친절입니다. 하지만 상대의 의사를 확인해 보지도 않고 일방적으로 이쪽의 행동을 감행하는 것은 전혀 바른 친절이 아닙니다. 이는 상대를 제대로 보지 않은 것이며 상대를 통해 보이는 나의 모습도 제대로 보지 못한 것이기 때문입니다.

그 때 다행스럽게도 그 사람은 깜짝 놀란 뒤에 금세 미소를 지으며 자신의 팔을 맡겼습니다.

만일 상대가 나의 친절을 거절했더라면 나는 얼마나 많은 후회와 반성을 해야 했을까요?

바른 친절처럼 보여도 상황에 따라서는 이 같은 경우도 일어날 수 있음을 잊어서는 안됩니다. 이것은 단지 친절에 국한된 이야기가 아닙니다. 즉 무슨 일이든 옳고 그름에 구애 받기보다는 그때그때의 관계나 상황을 소중히 여기는 눈이 필요합니다.

「참으로 마음이 편안해지는 책」, 가나모리 우라코

행복은 추구한다고 찾아지는 것이 아닙니다

** 야곱의 하나님을 자기의 도움으로 삼으며 여호와 자기 하나님에게 자기의 소망을 두는 자는 복이 있도다 (시 146:5)

1948년에 라이프 잡지사는 미국 헌법 창시자들이 헌법에 "행복의 추구"라고 했을 때 '무슨 생각을 가지고 있었을까' 에 대해 토론하기 위해 노동조합 대표들과 산업계 지도자들, 대학 학자들, 그리고 성직자들을 한 자리에 불렀습니다.

그들은 생활할 수 있을 정도의 임금을 받으면서 좋은 환경에서 일할 수 있는 안정된 직장이 필수적이라는 데 모두 동의했습니다. 그중 몇 명은 인종간의 공평성, 이타적인 헌신, 그리고 성실성을 포함시켰습니다.

그때 참가자들 가운데 소아마비로 인해 다리가 좀 불편해 보이는 한 젊은 여인이 다음과 같은 말을 하였습니다.

"제 경험에 의하면 고통과 아픔은 유감스러운 일이지만, 인성을 형성하는 데 큰 힘이 됩니다. 고통 그 자체가 좋다는 것이 아

니라, 그것은 종종 외부에서 행복을 찾으려던 것을 우리 내부에
서 행복을 찾도록 바꿔 주기 때문입니다."

내적인 행복은 하나님을 직접 알고 믿음과 순종의 길을 걸을
때만 찾을 수 있는 것입니다.

행복은 추구한다고 찾아지는 것이 아닙니다. 하나님과 항상
가까이 걷고자 할 때 얻어지는 부차적 결과입니다. 그렇게 할 때
어느 누구도, 어느 것도 줄 수 없는 깊은 행복을 찾을 것입니다.

다윗이 "너희는 여호와의 선하심을 맛보아 알지어다 그에게
피하는 자는 복이 있도다"(시 34:8)라고 한 말은 바로 이것을 의
미한 것입니다.

「오늘의 양식」

하나님의 자녀이므로 행복합니다

※ 이스라엘이여 너는 행복한 사람이로다 여호와의 구원을 너 같이 얻은 백성이 누구냐 그는 너를 돕는 방패시요 네 영광의 칼이시로다 네 대적이 네게 복종하리니 네가 그들의 높은 곳을 밟으리로다

(신 33:29)

새가 노래를 하는 것은 황금색으로 장식한 새장 안에 넣어 놓았기 때문이 아닙니다. 새가 새장 속에서도 노래를 부르는 것은 새는 노래하는 존재로 창조되었기 때문입니다. 그래서 새들은 환경 여하에 상관없이 노래를 하는 것입니다.

마찬가지로 당신은 행복해지도록 창조되었습니다. 그러므로 우리는 환경 여하에 상관없이 행복을 느끼며 살아야 합니다.

진실한 행복은 참 인격체 예수 그리스도와의 만남에서 발견됩니다. 예수 그리스도를 당신의 구세주로 영접함으로써 당신은 그분 안에서 새로운 피조물이 됩니다. 당신은 하나님의 자녀인고로 온 천지간에 있는 모든 보화를 다 가진 사람입니다.

그렇습니다. 행복은 예수 그리스도와의 개인적 관계에서 이루어집니다. 행복은 물건, 장소, 환경과의 관계에서 이루어지는 것이 아닙니다. 만일 당신이 하나님의 나라와 하나님의 의를 무엇보다 먼저 추구함으로써 우선순위를 올바르게 세운다면 하나님은 당신의 삶의 모든 필요, 모든 문제를 다 해결해 주실 것입니다.

「매일매일 하나님과 교제하는 시간」

소망의 길

오직 한 길

**※ 다른 이로써는 구원을 받을 수 없나니 천하 사람 중에 구원을 받을
만한 다른 이름을 우리에게 주신 일이 없음이라 하였더라 (행 4:12)

한 운전자가 길을 묻기 위해 차를 멈췄습니다. 대답을 들은 그
운전자는 의심스레 물었습니다. "그것이 가장 좋은 길인가요?"
길을 알려준 남자는 "그게 유일한 길입니다"라고 대답했습니다.

구원에는 오직 한 길만이 있을 뿐입니다. 그것은 그리스도입
니다.

예수님은 "나로 말미암지 않고는 아버지께로 올 자가 없느니
라"(요 14:6)고 말씀하셨습니다. 베드로는 "천하 사람 중에 구원
을 받을 만한 다른 이름을 우리에게 주신 일이 없음이라"(행
4:12)고 선언하였습니다.

이것이 오만이나 옹졸함입니까? 아닙니다. 그리스도인이 이런
태도를 갖는 것을 절대 잘못된 것이 아닙니다. 우리는 하나님의
은혜로만 구원을 얻습니다.

우리는 그것을 받을 만하지 않습니다. 그러나 그리스도는 구원을 위해 하나님이 지명하신 수단이었습니다. 그리스도는 우리의 죄를 위해 죽으셨습니다. 그리고 죽음에서 부활하셨습니다. 죄 사함과 새로운 생명을 주시겠다는 하나님의 약속은 여전히 변함없습니다.

오늘 그리스도께로 돌아서십시오. 여러분이 알고 있는 아직 믿음이 없는 사람을 위해 오늘 기도하십시오. 그리고 하나님의 구원을 그 사람에게 말할 수 있도록 도와달라고 하나님께 간구하십시오.

「희망」, 빌리 그래함

구원의 값

✳✳ 오 호라 너희 모든 목마른 자들아 물로 나아오라 돈 없는 자도 오라
너희는 와서 사 먹되 돈 없이, 값 없이 와서 포도주와 젖을 사라
(사 55:1)

우리 가족이 다니는 교회는 수요일 저녁이면 바빠집니다. 그 날그날 먹고 살아가는 사람들을 위해 준비한 음식을 나눠주기 때문입니다.

우리는 사람들의 육신의 필요를 채워줄 수 있는 것에 감사합니다. 이 사역에서 또 하나의 중요한 부분은 나중에 이 사람들을 찾아가 그리스도의 복음을 나누는 것입니다.

물론 이와 같은 사역을 하려면 어떤 원칙들이 필요합니다. 그 중의 하나는 일을 한 대가로 이 음식을 받는 것은 아니라는 것입니다. 음식은 교회에서 이미 값을 지불한 것이기 때문에 그 누구도 그 값을 다시 지불할 필요가 없습니다. 음식은 그저 선물로 받는 것입니다.

어디서 많이 들어본 말 같지 않습니까? 그렇습니다. 예수님께서는 우리 대신 죽으심으로 영혼의 값을 지불하셨고 구원을 값 없이 거저 주십니다(롬 5:15 ; 6:23). 우리는 어떤 행위로도 그 구원을 얻을 수 없습니다(엡 2:8,9). 우리가 할 수 있는 일은 우리 죄를 회개하고 영생을 거저 받음으로 예수님께 나아가는 것뿐입니다.

당신은 예수님께서 주시는 구원을 받아들이셨나요? 어서 받으십시오. 손을 내밀어 받으십시오. 그것은 거저 주시는 것입니다.

「오늘의 양식」

두려움을 해결하는 방법

** 두려워하지 말라 내가 너와 함께 함이라 놀라지 말라 나는 네 하나님이 됨이라 내가 너를 굳세게 하리라 참으로 너를 도와 주리라 참으로 나의 의로운 오른손으로 너를 붙들리라 (사 41:10)

실존주의 철학자들이 인간의 한계상황에 대해 자주 언급했듯이 현대인들은 불안과 두려움을 가지고 살아가고 있습니다. 그런 경향은 틀림없이 타락한 인간의 실존을 보여 줍니다.

창세기 3장 10절에 보면 하나님께서 금하신 선악과를 따먹어 하나님과 같아지려고 했던 아담과 하와는 범죄 한 후에 하나님 만나기를 두려워하며 동산 나무 사이에 숨었습니다. 하나님을 떠난 인간이 겪는 두려움이 바로 현대인들의 두려움과 불안의 근원입니다.

그런데 이러한 두려움과 불안을 해결하기 위해 현대인들은 돈, 권력, 명예를 추구합니다. 또한 술과 섹스, 마약에 빠져 두려움을 잊으려 하기도 합니다.

하지만 하나님의 은혜로 구원받기 전에는 인간들이 가지고 있는 두려움을 해결할 방법은 없습니다. 무엇보다 구원은 그리스도를 통해서만 얻을 수 있다는 것을 기억해야 합니다.

예수 그리스도로 말미암아 구원을 받은 사람만이 참 평안을 얻을 수 있습니다. 예수님께서 십자가 형벌을 받으시기 전에 제자들에게 "이것을 너희에게 이르는 것은 너희로 내 안에서 평안을 누리게 하려 함이라 세상에서는 너희가 환난을 당하나 담대하라 내가 세상을 이기었노라"(요 16:33)고 말씀하셨습니다.

그 어떤 두려움도, 불안도 예수 그리스도를 통해 구원받은 우리를 지배하지 못할 것입니다. 그리스도 안에서 두려워하지 말고 담대히 나아가십시오.

주님의 뜻을 이루소서

※ 복음에는 하나님의 의가 나타나서 믿음으로 믿음에 이르게 하나니

기록된 바 오직 의인은 믿음으로 말미암아 살리라 함과 같으니라

(롬 1:17)

어느 날 주일학교 예배가 끝난 후였습니다.

한 어머니가 어린 딸아이에게 "오늘은 주일학교에서 무엇을 배웠니?"하고 물었습니다. 그 아이는 "오늘은 모세가 어떻게 홍해에다 다리를 설치했는지, 그리고 그렇게 많은 사람들이 어떻게 탱크와 트럭으로 홍해를 건너가는지를 배웠어요. 그런데요, 그들이 홍해를 건너자마자 애굽 사람들이 건너오려는 순간 그 다리는 폭파되었고, 그 애굽 사람들은 홍해에 다 빠져죽었대요!'라고 대답했습니다.

그 어머니는 깜짝 놀라서 선생님이 그렇게 가르치더냐고 물었습니다. 그러자 그 여자 아이는 "아니야! 엄마, 하지만 선생님이 말씀하신 대로 얘기하면 아마 엄마는 못 믿을 걸!"하고 대답했

습니다.

　수많은 사람들이 이 어린 소녀와 크게 다를 바 없습니다. 이처럼 사람들은 믿음이란 사실이 아닌 것을 믿는 것이라고 생각하고 있습니다. 그리고 다른 사람들에게는 "믿음은 단지 희망사항에 지나지 않는다"고 말합니다.

　우리의 믿음은 하나님을 믿는 것입니다. 참 믿음은 하나님의 뜻을 아는 지식에서 시작되며, 그 뜻을 이루기 위해서만 존재합니다. 믿음은 인간의 뜻을 하늘에서 이루기 위한 수단이 아니라 하나님의 뜻을 이 땅에서 이루는 수단인 것입니다.

　믿음 그 자체가 우리 믿음의 합당한 대상이 결코 될 수 없습니다. 믿음의 유일하고도 합당한 대상은 하나님과 그분의 말씀 속에 나타난 그분의 계시뿐입니다.

「영적 분별과 하나님의 인도하심」, 닐 앤더슨

부활의 확신

** 만일 그리스도 안에서 우리가 바라는 것이 다만 이 세상의 삶뿐이면 모든 사람 가운데 우리가 더욱 불쌍한 자이리라 그러나 이제 그리스도 께서 죽은 자 가운데서 다시 살아나사 잠자는 자들의 첫 열매가 되셨 도다 (고전 15:19,20)

바울은 아그릿바 왕과 베스도 앞에서 다메섹에서 어떻게 부활 하신 예수님을 만나 뵈었는지 그리고 예수님의 생애 가운데서 선지자가 예언한 모든 예언들이 어떻게 이루어지는지를 설명합 니다.

그런데 바울이 예수님의 부활과 그 십자가에 대해서 설명하자 베스도가 벌떡 일어나서 "바울아 네가 미쳤구나"라고 말합니다.

베스도는 세속적인 사람입니다. 종교에 대해서는 별로 관심 이 없었습니다. 아는 바가 없습니다. 그런데 다메섹에서 환상을 보았다, 죽은 사람이 다시 부활을 했다 그런 이야기를 하니까 황 당했던 것입니다. 자신이 이해하지 못하니까 바울이 미쳤다고 말합니다.

바울은 "제가 미친 것이 아닙니다" 하고 간단하게 대답하고 아그릿바 왕을 회개시키기 위해서 "아그릿바 왕이시여 선지자를 믿으십니까? 믿으시는 줄을 압니다"라고 자문자답합니다. 왜냐하면 유대 왕이 되어서 선지자를 안 믿는다 할 수 없으며, 선지자를 믿는다면 선지자가 예언한 그 예수 그리스도 메시야를 믿지 않을 수가 없기 때문입니다. 이렇게 되자 아그릿바는 선지자를 믿는다고 시인하게 되면 예수를 믿는다고 시인하는 격이 되어 이러지도 못하고 저러지도 못하는 곤경에 처하게 되었습니다. 그러니까 "네가 적은 말로 권하여 나를 그리스도인이 되게 하려 하느냐?" 하는 말로 완곡하게 거절합니다.

이때 바울이 유명한 말을 했습니다.

"바울이 이르되 말이 적으나 많으나 당신뿐만 아니라 오늘 내 말을 듣는 모든 사람도 다 이렇게 결박된 것 외에는 나와 같이 되기를 하나님께 원하나이다 하니라." (행 26:29)

이 말은 무엇을 의미하는 것입니까? 당신들이 나처럼 되었으면 좋겠습니다. 당신들보다 내가 훨씬 더 행복합니다. 그런 뜻입니다.

"이렇게 쇠사슬에 묶인 것 말고는 당신들도 나처럼 되었으면

참 좋겠습니다.”

이것이야말로 크리스천의 당당한 자부심을 표현한 말입니다. 즉 바울에게는 부활하신 그리스도에 대한 확신이 있었습니다. 그렇기에 왕이 있고 총독이 있고 고관들이 있습니다만 조금도 그들이 부럽지 않았습니다. 그들이 가진 부와 권세, 명예가 조금도 부럽지 않았습니다. 내가 훨씬 더 행복한 사람이라는 것입니다.

왜 그렇겠습니까? 사도 바울의 내면에 놀라운 기쁨과 자유함이 있었기 때문입니다.

겉으로 볼 때 그들은 화려한 옷을 입고 있었습니다. 반면 바울은 죄수복을 입었고 쇠사슬에 묶여 있습니다. 그러나 한 꺼풀 벗겨서 마음속을 보게 되면 지금 바울의 마음속에는 죄 사함 받은 기쁨이 있습니다. 주님께서 주신 놀라운 자유함이 있습니다. 진리로 인해서 모든 두려움과 모든 공포로부터 해방된 진정한 자유가 바울의 가슴속에 있는 것입니다.

그러나 저들은 겉으로 볼 때는 자유로운 것 같으나 사실은 노예입니다. 죄악의 노예요 정욕의 노예인 것입니다. 그리고 총독은 백성을 두려워하고 황제의 눈치를 봐야 됩니다. 왕도 총독의 눈치를 봐야 하고 백성의 눈치를 봐야 됩니다. 여론에 묶였고 사람에 묶였고 인기에 묶여 있는 자들인 것입니다. 그리고 그 속에는 내일에 대한 보장이 없기 때문에 불안함이 있는 것입니다. 언제 총독자리에서 쫓겨날지, 언제 지위에서 잘려나갈지 몰라서 불안 가운데 전전긍긍하고 있는 자들인 것입니다.

그들의 이러한 내면을 보았기에 바울은 "당신들도 나처럼 되었으면 좋겠습니다"라고 고백할 수 있었던 것입니다.

예수님을 믿지 않는 사람들의 마음속에는 늘 불안과 초조와 공포가 있습니다. 진정한 만족이 그 속에 없습니다.

여러분은 바울처럼 부활에 대한 확신이 있습니까? 그리스도의 부활은 크리스천의 자부심입니다. 그 자부심이 우리에게 진정한 행복과 만족을 누리게 해줄 것입니다.

진희근

부활의 주님을 만나셨습니까?

※ 그리스도께서 만일 다시 살아나지 못하셨으면 우리가 전파하는 것도 헛것이요 또 너희 믿음도 헛것이며 … 그리스도께서 다시 살아나신 일이 없으면 너희의 믿음도 헛되고 너희가 여전히 죄 가운데 있을 것이요 (고전 15:14-17)

성경에 부자가 천국에 들어가는 것은 낙타가 바늘귀를 통과하는 것보다 어렵다는 이야기가 있습니다.

이 말을 듣는 아이들은 재미있어 웃습니다. 낙타가 바늘귀로 통과하는 장면을 생각해 보십시오. 얼마나 우스꽝스러운 장면입니까? 그러나 어른들은 매우 심각해집니다.

유명한 기독교 철학자 엘튼 트루블러드는 「그리스도의 유머(The Hurlor of Christ)」라는 매우 의미있는 저작을 남겼습니다. 이 책에서 그는 우리가 그리스도의 유머를 성경, 특히 복음서에서 발견하지 못하는 것은 성경 텍스트에 익숙해진 우리의 편견과 십자가 사건의 비극성에 대한 지나친 강조 때문이라고 지적

했습니다.

미국의 한 목사님이 한국에 나와서 메시지를 전하는데 한국 성도들 표정이 얼마나 어둡던지 놀랬다고 합니다. 마치 싸움하러 나온 사람들 같다는 것이었습니다.

놀란 목사님이 한국 목사님께 "한국 성도들은 왜 저렇게 표정이 어둡습니까?"라고 물었습니다. 한국 목사님이 엉겁결에 "한국교회 성도들은 주님의 고난과 십자가를 생각해서 그렇습니다"라고 말하자 미국 목사님이 하시는 말씀이 이러했습니다.

"그렇다면 한국교회 성도들은 아직도 부활의 주님을 만나보지 못했단 말입니까?"

기독교 신앙의 핵심은 그리스도의 죽음과 부활입니다. 십자가는 구원의 성취이며, 부활은 구원의 완성입니다. 아무리 힘들고 어렵더라도 부활하신 주님에 대한 믿음과 부활의 신앙을 갖고 산다면 우리의 삶은 부활의 기쁨 가운데 놓일 수 있습니다.

부활을 믿는 자의 증거는 무엇입니까? 바로 장차 오실 그리스도의 소망에 대한 기쁨입니다.

「국민일보」

부활의 소망

※ 아담 안에서 모든 사람이 죽은 것 같이 그리스도 안에서 모든 사람이 삶을 얻으리라 그러나 각각 자기 차례대로 되리니 먼저는 첫 열매인 그리스도요 다음에는 그가 강림하실 때에 그리스도에게 속한 자요 (고전 15:22,23)

파라과이의 한 의사는 군사 정권에 인권이 유린당한 사실에 대해 정부를 강력히 비난하고 나섰습니다. 경찰은 그에 대한 응징으로 그 의사의 아들을 체포하여 고문 끝에 죽이고 말았습니다.

분노한 마을 사람들은 대규모의 집회를 계획했습니다. 그러나 그 의사는 다른 시위의 방법을 선택했습니다.

장례식장에서 그는 아들이 감옥에 있을 때 발가벗겨져 전기 충격, 담뱃불, 폭력으로 만신창이 된 그대로의 모습을 사람들 앞에 공개했습니다. 모든 동네 사람들이 피에 물든 매트리스 위에 놓인 시체 주위로 몰려들었습니다. 그것은 가장 강력한 데모였습니다. 사회의 불의를 직접 눈으로 볼 수 있었기 때문입니다.

갈보리 십자가에 매달린 성자 하나님의 모습이 바로 이런 것이 아니겠습니까?

십자가 위에서 예수님은 고통과 저주를 받으셨습니다. 발가벗겨진 채 매달렸던 예수님의 십자가는 이 세상의 온갖 잔인한 폭력과 불의를 모두 나타내고 있습니다.

철저히 불공평한 세상, 그렇지만 희생적인 사랑의 하나님의 모습을 보여 주는 것이 바로 십자가입니다. 인생의 비극과 실망에서 면제된 사람은 아무도 없습니다. 그러나 죽음을 이기신 예수님의 부활은 우리에게 소망을 줍니다.

십자가에 달리신 예수님을 바라봄과 동시에 부활하신 예수님을 바라보십시오. 새 하늘과 새 땅이 열리는 날, 주님은 이 세상의 모든 불공평을 깨뜨리고, 우리의 고통을 종식시키실 것입니다.

「하나님, 당신께 실망했습니다」, 필립 얀시

천하보다 소중한 생명

**사람이 만일 온 천하를 얻고도 자기 목숨을 잃으면 무엇이 유익하리요 사람이 무엇을 주고 자기 목숨과 바꾸겠느냐 (막 8:36,37)

불과 10여 년 만에 세계를 지배한 제왕이 있습니다. 그는 알렉산더 대왕(주전 356-323, 재위 336-323)으로 헬레니즘 문화를 낳게 하였던 인물입니다.

그는 인도의 인더스강까지 정복하여 불상의 두상(頭相)을 서구화하는 데 영향을 미쳤습니다. 그는 아리스토텔레스의 제자로 지혜로웠고 학문을 좋아하여 전쟁 중에도 학자들을 대동하였습니다.

알렉산더의 용맹과 정복 역사에 대해서는 다니엘서에 기록되어 있는데, 그의 자식이 왕위를 계승하지 못할 것이라는 성경의 예언대로, 알렉산더는 원정중에 갑자기 열병으로 죽고 그의 나라는 네 개로 나누어져 수하 장군들이 왕이 됩니다.

세계를 지배한 어떠한 왕이라 하더라도, 하나님의 주권에 달려 있음을 이보다 더 잘 보여 주는 것은 없습니다.

사람들은 건강이 가장 중요하다고 말합니다. '돈을 잃으면 조금 잃은 것이고 명예를 잃으면 많은 것을 잃은 것이고 건강을 잃으면 모든 것을 잃은 것이다' 라는 속담이 있습니다. 건강할 때 건강이 소중한지 모르고 어떤 일에 미치면 건강을 아주 무시해 버립니다.

그러다가 건강을 잃으면 그제서야 후회하게 됩니다. 인간은 가장 지혜로운 척하지만 아주 지혜가 부족한 어리석은 존재입니다.

'건강한 육체, 건강한 정신' 은 이 세상을 살고 있는 모든 인간에게 가장 중요한 모토임에는 틀림없습니다. 그럼에도 아주 중요한 것이 하나 남아 있습니다.

건강과 정신이야 인간의 마음대로 할 수 있는 것이지만, 생명은 자신에게 있지 않습니다. 가장 중요하면서 쉽게 간과하는 것이 생명입니다. 영원한 생명에 대해 알지 못하면 죽게 될 때에 죽는 것이 두려울 것입니다. 영원한 생명에 대해 소홀히 하게 되면 영원히 후회하게 될 것입니다.

천하를 얻기 위해 생명을 소홀히 하겠습니까? 아니면 생명을 얻고 또한 천하를 즐기겠습니까? 모든 것은 하나님의 것입니다. 인생의 모든 것은 하나님의 주권에 달려 있습니다. 그러므로 하나님을 차지한 사람은 모든 것을 차지한 사람입니다.

「3분만」, 황인철

사망에서 생명으로

** 내가 진실로 진실로 너희에게 이르노니 내 말을 듣고 또 나 보내신 이를 믿는 자는 영생을 얻었고 심판에 이르지 아니하나니 사망에서 생명으로 옮겼느니라 (요 5:24)

기독교 신앙을 사망 권세를 이긴 생명의 신앙이라 말합니다. 사망을 이기고 생명을 얻게 된다는 말은 구체적으로 어떤 뜻이겠습니까?

여러 해 전 리더스 다이제스트(Reader's Digest)라는 잡지에 레이먼드 무디(Dr. Raymond Moody)박사가 쓴 특별한 글이 실렸습니다. '삶 다음의 삶(Life after life)' 이란 제목으로 실린 그 글은 의학 박사인 그가 150명의 임사체험자(臨死體驗者)들을 만나 연구한 내용의 글입니다.

무디 박사는 대학 시절에 어느 한 교수가 따뜻한 마음과 초연한 자세로 학생들을 대하는 모습에 감명을 받았고, 또 그 교수가 죽었다가 깨어난 임사체험자인 것에 관심을 가지게 되었습니

다. 무디 박사가 교수가 된 후에, 어떤 학생이 자기 할머니가 수
술 도중 죽었다가 깨어난 경험을 들려주었습니다. 그 후로 무디
박사는 죽었다가 다시 깨어난 경험을 지닌 임사체험자 150여 명
을 찾아다니며 면담하고 조사한 결과를 책으로 출간하게 되었
습니다.

그 책에는 임사체험자들이 죽어 있던 기간에 체험한 세계가
실감나게 소개되어 있습니다. 그리고 중요한 것은 그렇게 특수
한 체험을 하고 난 이후로 그들의 삶이 한결같이 좋은 방향으로
변화되었다는 사실입니다. 이 땅에서 언젠가 끝나게 될 삶 다음
에 시작될 새로운 삶에 대한 인식이 생겨났기 때문입니다.

준비된 자에게는 죽음이란 새로운 시작이기 때문에 나쁠 것이
없습니다. 그러나 준비되지 않은 사람들에게 죽음은 마냥 두렵
기만 합니다.

요한복음 5장 24절에 "내가 진실로 진실로 너희에게 이르노니
내 말을 듣고 또 나 보내신 이를 믿는 자는 영생을 얻었고 심판
에 이르지 아니하나니 사망에서 생명으로 옮겼느니라"고 말씀
하셨습니다.

이 말씀을 그대로 믿고 그 믿음대로 살고 있는 크리스천들은
언제든지 죽을 준비가 되어 있는 사람들입니다. 이미 죽음을 이

기고 생명으로 옮겨져 있는 사람들이기 때문입니다.

그래서 기독교 신앙은 위대합니다. 죽음을 맞기 전에 이미 죽음의 세계를 완전히 극복한 사람이기 때문입니다. 부활이 우리에게 주는 축복은 죽음을 이기신 예수님의 부활 사건으로 인하여 우리를 사망에서 생명으로 옮기게 한 절정이 되기 때문입니다.

예수님의 부활을 생각하면서 사망을 이기고 생명을 누리게 된 것을 감사하는 하루하루가 되기를 바랍니다.

사명을 따라 사는 것이 최선의 길입니다

**내가 또 주의 목소리를 들으니 주께서 이르시되 내가 누구를 보내며 누가 우리를 위하여 갈꼬 하시니 그 때에 내가 이르되 내가 여기 있나이다 나를 보내소서 하였더니 (사 6:8)

예레미야 선지자는 하나님의 부르심을 받고 예언 활동을 할 때에 개인적인 희생과 어려움을 감수해야만 했습니다. 그는 하나님의 명령에 따라 예언했지만 백성들은 그의 예언을 받아들이지 않았고, 심지어 그를 잡아 때리고 가두기까지 했습니다.

예레미야는 자신의 사명을 감당하기 위해 하나님을 원망스럽게 생각하는 순간도 있었습니다. 그러나 그럴 때마다 그의 마음 중심에 또 다른 열정과 사명감이 불타올랐습니다.

그는 불안했고 끊임없는 갈등에 시달리기도 했지만 하나님의 사명을 포기하지 않았습니다. 결국 그는 시험을 받았음에도 불구하고 자기의 직분을 충실히 감당하며 끝까지 하나님을 의지

했습니다.

우리는 하나님을 섬기는 일을 너무 쉽게 생각해서는 안됩니다. 구원의 강을 건너기 위해서는 하나님께서 주신 사명을 어깨에 메고 건너야만 안전하게 건널 수 있습니다. 우리는 우리의 사명이 무겁다고 해서 그냥 강을 건너려 해서는 안됩니다. 그렇게 되면 우리는 떠내려가게 될 것입니다.

또한 반대가 있다고 해서 포기할 수도 없는 일입니다. 우리 마음 중심에 타오르는 사명대로 행동해야 합니다. 어려움이 있어도 사명을 감당할 때 하나님께서 우리와 함께 하심을 느끼게 될 것입니다.

하나님께서 주신 사명에 따라 사는 것이 최선의 길입니다.

「일년 일독 매일 묵상」, 주경로

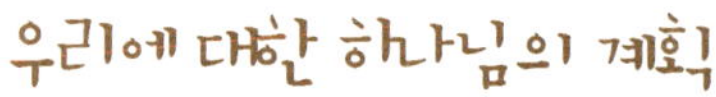

우리에 대한 하나님의 계획

※ 내가 너를 모태에 짓기 전에 너를 알았고 네가 배에서 나오기 전에 너를 성별하였고 너를 여러 나라의 선지자로 세웠노라 하시기로

(렘 1:5)

재능에 대한 성경적 이해에 따르면 재능은 결코 우리의 것이 아니며 우리 자신의 유익을 위한 것도 아닙니다.

우리가 가진 모든 것은 하나도 예외 없이 하나님께서 우리에게 주신 것입니다. 우리의 재능은 궁극적으로 하나님의 것이며 우리는 청지기일 뿐입니다. 즉 우리는 우리의 소유가 아닌 것을 신중하게 관리할 책임을 부여받은 자들입니다. 그러므로 우리의 재능은 항상 "타인을 위한 우리의 것"입니다.

청교도들은 은사의 좀더 폭넓은 목적을 매우 분명하게 인식하고 있습니다.

존 코튼(John Cotton)은 17세기의 저명한 목사요 뉴잉글랜드 회중교회제의 창설자였습니다. 그는 케임브리지에 있는 트리니 티 대학과 임마누엘 대학에서 공부했는데, 1630년에 아르벨라를 항해하면서 "하나님의 농장 경영에 대한 그분의 약속"이란 유명한 고별 설교를 했습니다.

그리고 3년 후 자신이 직접 그 신세계로 왔습니다. "그리스도인의 소명"이란 제목의 그의 설교는 일곱 개의 요점으로 된 소명에 관한 탁월한 설교입니다.

여기서 코튼은 소명의 첫번째 기준은 정당하다고 인정되는 소명이 되려면 우리는 우리 자신의 유익뿐 아니라 공공선을 목표로 삼아야 한다는 것이고 또 다른 기준은 우리가 그 일에 재능이 있고 하나님의 인도를 받아야 한다고 했습니다.

그리스도를 따르고 그분의 부르심에 응답하기 원하는 사람이라면 누구나 자신의 재능과 자신의 소명 간의 핵심적인 연결 고리를 붙잡아야 합니다. 아울러 이 주제에 관한 훌륭한 기독교 서적들과 테스트 방법들을 활용해야 할 것입니다. 우리의 존재에 걸맞는 소명을 성취하는 데는 기쁨이 따르고, 이 소명은 구름기둥과 불기둥처럼 앞서서 우리를 인도합니다.

그런데 우리는 누구입니까? 그리고 우리의 운명은 무엇입니까? 그 대답은 하나님이 우리를 어떤 존재로 만드셨는가, 우리를 어느 곳으로 가도록 부르고 계시는지에 관한 하나님의 뜻에 있습니다.

우리는 각자 자신에 대한 독특한 설계, 곧 우리에 대한 하나님의 계획을 알아야 합니다.

「소명」, 오스 기니스

오프라 윈프리의 세 가지 사명

** 이는 너희를 부르사 자기 나라와 영광에 이르게 하시는 하나님께합 당히 행하게 하려 함이라 (살전 2:12)

칼 힐티는 "사명을 받은 날은 생일날보다 나은 날이다"라고 말했습니다.

최근 타임지는 금세기에서 가장 영향력이 있는 사람 100명을 선정해 발표하였습니다. 그중 한 명이 미국에서 토크쇼를 진행하고 있는 오프라 윈프리입니다. 미국에서 가장 영향력 있는 이로서 매일 그의 프로를 보는 이는 1400만 명이나 됩니다. 132개 국에 위성으로 중계되고 있습니다.

그가 한번 책을 추천하기만 하면 일약 베스트셀러가 됩니다. 그리고 장애인 대학보내기 캠페인을 벌였더니 순식간에 100만 불의 성금이 모금되었습니다. 광우병이 돌자 TV에서 "이제는 햄버거를 먹지 말아야겠습니다"라고 한 마디 한 것이 미국 전역의 햄버거 매출에 엄청난 타격을 주었습니다. 축산업이 도산할

지경이 되었습니다.

하지만 이렇게 미국 사회에 영향을 미치는 윈프리는 아픔이 있는 여자입니다. 1954년 미혼모에게서 태어나 외할머니, 어머니 손을 전전하며 상처투성이로 자랐습니다. 그러나 그는 눈물 속에서도 성경을 매일 읽고 암송하며 위로를 받으며 자랐습니다. 그리고 다른 책들도 열심히 읽었습니다. 아픔과 슬픔과 비애를 독서로 달랬습니다. 심지어는 밥을 먹으면서도 책을 읽었습니다. 이렇게 열심히 책을 읽는 것을 보고 선생님은 장학금을 받을 수 있도록 추천해 주었고 더 좋은 학교에 진학할 수 있도록 배려해 주었습니다.

좋지 않은 환경 속에서도 열심히 노력하여 금세기에 가장 영향력을 끼치는 사람으로 선정된 윈프리는 사명을 세 가지로 정의하고 있습니다.

첫째, 남보다 더 많이 가진 것은 축복이 아니라 사명입니다.

무엇이든지 남보다 더 많은 것을 받은 이들은 하나님의 일을 하여야 할 사명이 주어진 사람들입니다. 남보다 지혜가 많다면 그 지혜로 하나님의 일을 하라는 명령입니다. 남보다 물질을 많이 받았다면 다른 사람을 위하여 사용하라는 사명을 받은 것입니다. 남보다 더 건강을 받았다면 남을 위하여 건강을 사용하라고 하시는 하나님의 명령입니다.

둘째, 남보다 아파하는 것은 고통이 아니라 사명입니다.

하나님이 아픔을 주셨다면 그것은 사명입니다. 그 아픔을 통하여 같은 아픔을 가진 사람들을 위로하고 사랑하라고 하시는 명령입니다. 어떤 여인이 남자들에게 강간을 당하고 괴로워서 마약을 한다고 말할 때 윈프리는 "나도 사생아로 태어나 어렸을 때 강간을 당한 적이 있어요"라고 1400만 명이 보는 앞에서 솔직하고 담대하게 이야기함으로 동감을 갖게 하였습니다. 내가 아픔을 가지고 있다는 것은 남의 아픔을 잘 헤아릴 수 있는 마음을 가지라는 것과 함께 아픔을 나누라는 사명이라고 그녀는 늘 말했습니다.

셋째, 남보다 가슴 설레는 것은 망상이 아니라 사명입니다.

그것만 생각하면 가슴이 설레는 것이 바로 하나님의 사명입니다. 그것만 생각하면 미치도록 좋은 것이 사명입니다. 코카콜라 사장은 콜라만 생각하면 자다가 깨도 즐겁다고 합니다. 핏줄 속에서 피를 모두 빼어 버리고 콜라를 넣어도 좋다고 말할 정도였습니다. 이처럼 마음속에 불타는 소원이 일어나는 것이 바로 자신의 사명입니다.

하나님을 신뢰하는 것

**너는 마음을 다하여 여호와를 신뢰하고 네 명철을 의지하지 말라 (잠 3:5)

하나님은 우리가 인생에 대하여 알기 원하는 모든 일을 말씀하지 아니하시고, 우리가 알아둘 필요가 있는 모든 것을 말씀하십니다. 그러므로 우리의 이해를 넘어선 일들을 알아내려고 시간과 정력을 허비하지 말고, 하나님께서 우리에게 성경을 통하여 계시하신 말씀과 가르침에 귀 기울이는 것이 현명합니다.

성경은 하나님이 주권적이면서 좋으신 분임을 이야기합니다. 그러므로 우리는 하나님이 우리의 인생에 가져다주시는 모든 것은 하나님을 영화롭게 하기 위하여, 다른 사람들의 유익을 위하여, 그리고 우리의 성장을 돕기 위하여 사용되어질 수 있다고 확신할 수 있습니다.

우리가 '기이한 일' 에 대하여 하나님을 신뢰하고, 관심을 하나님의 계시된 뜻에 초점을 두면 더 큰 내적 평화를 누릴 것이고

(시 131;2, 사 26:3) 화평케 하는 자로서 하나님을 더욱 잘 섬길 수 있습니다(잠 3:5-7).

하나님을 신뢰한다는 것은 우리들이 의문이나, 의심, 또는 두려움을 가지고 있음에도 불구하고 하나님의 은혜로 나아가고, 계속하여 하나님은 사랑이시며, 모든 것을 다스리시고, 항상 우리의 유익을 위하여 일하신다는 것을 믿는 것을 의미합니다.

그런 신뢰는 우리가 어려운 환경에 있을지라도 선하고 옳은 결정을 할 수 있도록 도와줍니다.

「피스 메이커」, 켄 산데

하나님이 이끄시는 길

❈ 그러나 무릇 여호와를 의지하며 여호와를 의뢰하는 그 사람은 복을 받을 것이라 (렘 17:7)

"남편이 암으로 죽어갈 때 저를 붙들어 준 구절 가운데 하나는 '여호와의 말씀이니라 너희를 향한 나의 생각을 내가 아나니 평안이요 재앙이 아니니라 너희에게 미래와 희망을 주는 것이니라' (렘 29:11)였습니다. 저와 두 어린 자녀를 남겨두고 저의 남편을 본향으로 데리고 가시는 것, 이것이 장래의 소망과 무슨 관계가 있었을까요? 저로서는 도무지 이해가 되지 않았습니다. 그러나 저는 '하나님, 하나님께서는 결코 저에게 거짓말을 하신 적이 없으십니다. 하나님께서는 저를 돌보고 계심을 지금까지 거듭해서 보여주셨습니다. 그러니 감사드립니다. 하나님의 계획은 재앙이 아니라 평안을 위한 것이며, 제게 장래에 소망을 주시려는 것입니다' 라고 고백하였습니다. 또 이런 고백을 할 수 있었기 때문에 제게 일어난 일들을 굳이 이해할 필요가 없었습니다."

　　이 고백은 남편과 함께 선교사로 파송되었다가 남편의 죽음을 맞은 부인의 간증입니다.

　　우리는 이 간증을 통해서도 알 수 있듯이 하나님께서 우리를 이끄시는 길을 언제나 이해할 수 있는 것은 아닙니다. 그러나 우리가 고된 경험을 하고 있을 때라도 우리는 하나님의 사랑을 신뢰할 수 있어야 합니다. 내 앞에 있는 상황을 온전히 이해할 수는 없지만, 우리를 온전케 하시는 하나님의 사랑을 온전히 신뢰하고 받아들여야 합니다.

「내 원대로 마옵시고」, *W. M. 플레처*

비바람을 피할 수 있는 나무

**다윗에 대한 요나단의 사랑이 그를 다시 맹세하게 하였으니 이는 자기 생명을 사랑함 같이 그를 사랑함이었더라 (삼상 20:17)

힘든 세상을 사는 동안 나의 생각을 감출 필요가 없는 친구가 있다면 얼마나 힘이 되겠습니까?

누군가는 '우정은 비바람을 피할 수 있는 나무' 라고 표현했으며, 제이 케슬러는 그의 저서에서 "내 인생에 있어서 여러 목표들 중 하나는 내 관의 손잡이를 기꺼이 잡아 줄 8명의 남자를 만나는 것이다"라고 했습니다.

예수님도 "사람이 친구를 위하여 자기 목숨을 버리면 이보다 더 큰 사랑이 없나니"(요 15:13)라고 말씀하셨습니다. 이러한 아름다운 우정 이야기가 성경에 있습니다.

사울의 아들 요나단과 다윗은 궁중에서 지내면서 자연스럽게 만나게 되었습니다. 그런데 다윗이 골리앗을 물리치자 이스라엘 백성들 사이에서 다윗의 인기가 급상승하였습니다. 그러자 사울은 다윗을 경계하기 시작했고, 그를 죽이려고까지 하였습니다.

이 사실을 안 요나단은 아버지 사울에게 "어찌 까닭 없이 다윗을 죽여 무죄한 피를 흘려 범죄하려 하시나이까"(삼상 19:5)라고 직접 간청도 하고, 상황이 어렵게 되자 다윗을 피신시키기도 하였습니다. 요나단과 다윗은 영원한 우정을 맹세하면서 울며 헤어졌습니다.

다윗은 훗날 왕이 되어 친구 요나단을 찾았으나 전사하였다는 소식만을 들을 수 있었습니다. 크게 슬퍼하던 다윗은 비록 친구는 죽었으나 그 가족에게라도 친구의 우정을 베풀고 싶어서 요나단의 아들인 므비보셋을 찾아 그에게 왕의 재산을 물려주고 왕자처럼 대접하였습니다.

요나단에게 갚지 못한 우정의 빚을 아들에게 갚는 다윗의 모습은 큰 감동으로 다가옵니다.

다윗과 요나단을 보며 우정의 참 의미를 생각해 볼 수 있습니다. 아마도 요나단은 아버지와 친구 사이에서 많은 고민을 했을 것입니다. 그러나 요나단의 선택은 아버지냐 친구냐의 선택이 아니라, 누가 옳은 사람인지를 선택했던 것입니다.

　이렇듯 우리 우정의 바탕에는 정의가 있어야 합니다. 두 사람만의 정의가 아니라 하나님 앞에서 인정받을 수 있는 것이어야 합니다. 그리고 아무리 가까운 친구라고 해도 환경이 같을 수는 없습니다. 친구의 어려움을 보면 진심으로 돕고 기도해 줄 수 있어야 합니다. 서로가 권면하여 합력하여 선을 이루는 우정을 만들어야 합니다. 하나님은 사랑과 섬김이 함께하는 만남에서 더 큰 영광을 받으실 것입니다.

「일년 일독 매일 묵상」, 주경로

친구는 하나님이 보내신 선물

※ 두 사람이 한 사람보다 나음은 그들이 수고함으로 좋은 상을 얻을 것임이라 혹시 그들이 넘어지면 하나가 그 동무를 붙들어 일으키려니와 홀로 있어 넘어지고 붙들어 일으킬 자가 없는 자에게는 화가 있으리라 (전 4:9,10)

우리는 친구를 필요로 합니다. 친구는 우리를 인도하고, 우리를 돌보며, 우리를 사랑으로 대하며, 그리고 괴로울 때 우리를 위로합니다.

우리는 "친구를 만든다(make)"고 말하지만, 친구는 만들어질 수 없습니다. 친구는 하나님이 주시는 공짜 선물(free gift)입니다. 우리가 진정으로 하나님의 사랑을 믿으면, 우리에게 친구가 필요할 때 하나님이 그 필요한 친구를 우리에게 보내 주십니다.

그러나 친구는 하나님을 대체할 수 없습니다. 그들은 우리와 마찬가지로 한계와 약함을 가지고 있습니다. 그들의 사랑에는 흠이 없을 수 없으며, 결코 완전할 수도 없습니다.

친구는 사랑의 하나님께서 우리의 여행길에 보내신 동반자입
니다. 함께 걸으며 기쁨과 슬픔을 나누는 삶이 되십시오.

「영혼의 양식」, 헨리 나우웬

목숨을 다하는 충성

✽✽ 너는 장차 받을 고난을 두려워하지 말라 볼지어다 마귀가 장차 너희 가운데에서 몇 사람을 옥에 던져 시험을 받게 하리니 너희가 십 일 동안 환난을 받으리라 네가 죽도록 충성하라 그리하면 내가 생명의 관을 네게 주리라 (계 2:10)

서머나 교회 감독이던 폴리갑의 죽음은 초대교회 순교 역사 가운데 가장 유명한 일화 중 하나로 꼽힙니다. 폴리갑은 화형에 처해졌는데 당시 일어난 일에 대해 교회사가 유세비우스는 다음과 같이 기록하였습니다.

"처형장에 모인 자들, 그리고 총독과 군사들은 화형을 위해 모든 도구들을 마련하였고 폴리갑을 큰 못으로 말뚝에 고정시키려 했다. 그러자 폴리갑은 '나를 이대로 두시오. 나에게 화형을 견뎌낼 힘을 주실 그분은 당신들이 못을 박지 않아도 장작더미 위에서 움직이지 않고 견딜 능력도 주실 것입니다' 라고 말했다.

그리고 폴리갑이 자신을 순교자의 반열에 들게 하시어 그리스도의 잔에 참여하게 하신 것을 감사드린다는 내용의 기도를 마치자, 집행인들은 불을 붙였다. 그런데 타오르는 불길 가운데 폴리갑의 몸은 전혀 타지 않고 마치 용광로에서 정련되는 금이나 은과 같아 보였다. 마침내 폴리갑의 육신이 타지 않는 것을 본 박해자들은 격분하여 집행인에게 칼로 찌르라고 명령했고 칼이 폴리갑을 찌르자 피가 솟구쳐 올랐다. 그리고 주위의 불을 꺼뜨리는 놀라운 광경이 펼쳐지게 되었으며 폴리갑은 마지막 숨을 거두었다.”

이같은 순교의 죽음이 있기 전 사실 그에게는 회유도 있었고 위협도 있었습니다. 당시 결박된 폴리갑을 향해 총독은 나이를 생각해서 이제 그만 고집을 피우고 그리스도를 부인하고 황제를 신으로 인정할 것을 권면했다고 합니다.

그러나 폴리갑은 “나는 86년 동안 그분을 섬겨왔으며 그 동안 그 분은 한 번도 나를 부당하게 대우하신 적이 없습니다. 그런데 어찌 그러한 그리스도를 부인하며 모독할 수 있겠습니까?”라고 대답하며 기꺼이 목숨을 다하는 충성을 바쳤습니다.

그의 영광스런 순교의 죽음, 그것은 죽음에 이르기까지 충성

을 다했던 그에게 그리스도께서 베푸신 축복된 약속의 보증과
도 같은 것입니다. 곧 그처럼 영광스런 죽음 너머 그에게 허락하
실 영생의 상급에 대한 진실된 보증인 것입니다.

아직 집에 온 것이 아니야

※ 그러므로 때가 이르기 전 곧 주께서 오시기까지 아무 것도 판단하지 말라 그가 어둠에 감추인 것들을 드러내고 마음의 뜻을 나타내시리니 그 때에 각 사람에게 하나님으로부터 칭찬이 있으리라 (고전 4:5)

아프리카의 오지 마을에서 50년 동안 하나님을 섬긴 연로한 선교사 부부가 이제 그들의 노고에 합당한 은퇴 생활을 위해 미국으로 돌아왔습니다. 그러나 선교 사무국의 착오로 그들이 도착하였을 때에는 아무도 마중을 나오지 않았습니다. 옷 가방과 짐 가방을 들어줄 사람도 없었고 집까지 데려다 줄 사람도 없었습니다.

노 선교사는 아내에게 "그 많은 세월을 보내고 집에 돌아왔는데 누구 하나 관심을 보이지 않는구려" 하며 불평을 하였습니다. 그리고 그 선교사의 서운함은 새 집에 정착하면서 점점 더 커졌습니다.

남편의 불만에 조금씩 실증이 난 부인은 그 문제를 가지고 하나님과 상의해보라고 제안하였습니다. 그래서 그는 침실로 들어가 기도로 시간을 보냈습니다. 달라진 표정으로 방에서 나오는 그에게 아내는 즉시 무슨 일이 있었느냐고 물었습니다.

"하나님께 내가 집에 왔는데 아무도 관심을 가져 주지 않는다고 여쭈었지"라고 하는 남편에게 부인은 "그래 하나님께서 뭐라고 하시던가요?"라고 물었습니다.

"하나님께서 '너는 아직 집에 온 것이 아니야' 라고 말씀하셨어."

당신은 아무도 당신을 알아주지 않거나 살펴주지 않는 곳에서 여러 해 동안 봉사할 수 있습니다. 아무도 알아주지 않는 곳에서의 오랜 봉사는 외로움과 서운함을 가져다 줄 수 있습니다.

그러나 기억하십시오. 하나님께서 보고 계시며 살펴 주십니다. 이러한 사실을 기억할 때에 기쁨과 감사로 봉사할 수 있습니다.

무엇보다 우리가 칭찬을 들어야 할 곳은 이 땅에서가 아니라 언젠가 가게 될 영원한 집에서입니다. 우리의 영원한 집에 다다를 때 "각 사람에게 하나님으로부터 칭찬"이 있을 것입니다. 그때까지 실망하지 말고 충성을 다합시다.

「오늘의 양식」

 아들에게 들려주는 헌신의 삶

※ 우리가 살아도 주를 위하여 살고 죽어도 주를 위하여 죽나니 그러므로 사나 죽으나 우리가 주의 것이로다 (롬 14:8)

헌신에는 당연히 불확실성이 있다. 왜냐하면 네가 특정 가치나 특정 대상에 헌신을 한다고 했을 때, 그것이 너의 기대를 채워줄 수 있을지는 일련의 의구심이 있기 때문이지. 헌신이란 환한 데서 잃어버린 열쇠를 찾는 것이 아니라 어두운 데서 잃어버린 열쇠를 찾는 것과 같은 것이란다.

심청이의 이야기를 기억하니? 앞을 못 보는 아버지의 눈을 뜨게 하기 위하여 공양미 삼백 석을 시주할 것을 약속하는 심청이 말이다. 심청이는 공양미 삼백 석을 마련하기 위해서 자신의 몸을 용왕의 제물로 바치기로 하고 스스로 뱃사람들을 위한 희생 제물의 길을 선택하였단다.

아버지를 향한 헌신은 생명까지 바칠 정도로 더할 나위 없는 최고의 헌신이었다. 하지만 심청이 스스로 자신의 효성과 헌신

으로 말미암아 아버지의 눈이 뜨게 되리라고 확신한 것은 아니
란다. 확신하지 못했다는 증거는 심청이가 바다에 빠져 결국 용
궁으로 들어가 용왕의 힘으로 다시 환생하게 되어 임금의 왕비
가 되었을 때 나타난단다. 그때 심청이는 자신의 아버지를 찾기
위해 정상인이 아닌 봉사들을 왕궁잔치에 초대하게 되지.

헌신에는 이처럼 불확실성이 있지만, 그럼에도 불구하고 거기
에 스스로의 모든 것을 걸기 때문에 아름다운 것이다.

당연히 이를 위해서는 은근과 끈기가 있어야 한다. 일관되게
그 헌신의 대상을 위하여 나아갈 수 있는 힘과 의지력이 필요하
단다.

그렇다면 너는 무엇을 위해서 헌신하려고 하니? 고통 받는 주
변의 이웃을 위하여 헌신할 수도 있지. 또 네 가정을 위하여 헌
신할 수도 있지. 혹은 사랑하는 사람을 위하여 헌신해 보아라.
때로는 나라를 위하여 희생을 하고 때로는 목숨도 바칠 수 있지
않겠니? 그때는 순국이 된다. 그렇지 않으면 종교적 믿음을 위해
헌신할 수도 있겠구나.

헌신은 아름답단다.

오로지 먹고 살기 위하여 일하는 사람보다 가치있는 그 무엇
에서 삶의 이유를 찾고 있는 사람, 제 몸의 전부를 아낌없이 바

치는 사람, 그렇게 헌신하는 사람은 치열한 삶을 살아가는 사람
임이 분명하다.

「아들에게 건네주는 인생의 나침반」, 박효종

그만하면 충분하다

❋ 내 영혼아 네가 어찌하여 낙심하며 어찌하여 내 속에서 불안해 하는가 너는 하나님께 소망을 두라 나는 그가 나타나 도우심으로 말미암아 내 하나님을 여전히 찬송하리로다 (시 42:11)

어린 시절에 나는 아버지와 함께 낚시를 하러 다녔었습니다. 우리는 낡은 콜먼제 손전등과 두 개의 작살과 고기를 묶을 끈을 챙기고, 낡은 고무장화를 신고, 색이 바랜 청바지에 찢어진 셔츠를 입고, 우스꽝스런 모자를 쓰고 물가로 나갔습니다.

하늘이 어두워질 무렵이면 너무 멀리 나가지도 않고 그저 무릎 높이 정도의 물이 닿는 데까지만 걸어 들어갔습니다. 갈색 물고기들을 잡기 위해 휘청거리며 어둠 속으로 걸어 들어갔습니다.

아버지가 고기를 잡는 동안 나는 그 옆에서 함께 걷기만 했었습니다.

우리는 가족이 머물고 있는 해안 별장으로부터 1마일쯤 떨어진 부근을 빙빙 돌고 있었습니다. 가만히 멈춰 서서 듣고 있자니

별장에서 깔깔거리며 웃는 소리가 들려 왔습니다.

둘러보니 나는 진흙과 차가운 바닷물 가운데 서 있었고, 주위에는 짙은 어둠이 깔려 있었습니다. 그리고 어깨 너머로 오두막에서 새어나오는 아주 작은 불빛이 보였습니다.

순간 나는 돌아가고 싶은 생각이 간절해졌습니다. 나는 아버지에게 '얼마나 기다려야 되나요? 우리는 언제 되돌아가나요?' 하고 묻고 싶어졌습니다. 그러나 아버지는 자꾸만 물속으로 걸어 들어가셨습니다. 결국 꽤 멀리까지 걸어 나가게 되었고 주위에는 아무것도 보이지 않게 되었습니다.

나는 "맨틀이 타 버리면 어쩌죠?", "전지가 다 되면 어쩌죠?" 하고 물었습니다. 그러나 아버지는 아무런 대답도 안하시고 물고기를 찾고만 계셨습니다. 그렇게 얼마의 시간이 지났을까?

나는 드디어 애타게 기다리던 말을 듣게 되었습니다.

"음, 아들아, 이 정도면 충분하다. 돌아가자."

나는 곧바로 물 속을 걸었나왔습니다. 오직 희미한 불빛과 멀리서 들리는 작은 소리가 우리가 가야 할 길을 알려주고 있었습니다. 그 가야 할 길을 알고 계시는 아버지를 의지해 나는 물 속을 걸어 나왔습니다.

우리는 종종 이런 질문을 할 때가 있습니다.

"얼마나 더 있어야 하나? 과연 이 어두움이 끝이 날까? 그분이 내 형편을 아실까?" 그런 기다림의 끝에 들려오는 "그만하면 충분하다"라는 아버지의 목소리는 얼마나 달콤한지요!

오늘 당신에게 그렇게 생기를 줄 수 있는 사람이 필요합니까? 긴 어둠의 터널의 끝을 원하십니까?

하나님은 당신이 어디로 향하고 있는지 정확하게 알고 계십니다. 불빛이 비록 작고 멀리 있다 할지라도 어둠 속에서 그 불빛을 바라보며 인내하십시오. 하나님께서 때가 이르면 조용하게 불러 주십니다.

「날마다 새롭게 시작하라」, 찰스 스윈돌

사망의 골짜기를 다닐지라도

※ 내가 사망의 음침한 골짜기로 다닐지라도 해를 두려워하지 않을 것은 주께서 나와 함께 하심이라 주의 지팡이와 막대기가 나를 안위하시나이다 (시 23:4)

제2차 세계대전 중에 유태인들은 그들 동족의 절반에 가까운 6백만 명이 유럽 지역에서 히틀러의 발굽에 밟혀 비참하게 죽고 말았습니다. 60명도 아닌 6백만 명을 일시에 잃어버린 유대 민족은 재기 불능인 것처럼 보였습니다.

그러나 오늘에 와서는 오히려 기적적으로 옛 땅을 다시 찾고 세계 열강과 어깨를 나란히 하면서 중동에서 큰 영향력을 행사하고 있습니다.

도대체 무엇이 그토록 처참하게 파탄된 유대 민족을 재기하게 만들었습니까? 그것은 그들이 하나님에 대한 소망을 잃지 않았기 때문입니다.

나는 유럽의 어느 유태인 강제 수용소의 벽에 새겨진 시 한 구절을 잊을 수가 없습니다. 그들은 죽으러 가는 마지막 순간에 다음과 같은 시를 적었던 것입니다.

"나는 믿노라 해가 비치지 않더라도 해가 있다는 사실을, 나는 믿노라 사랑을 느낄 수 없을 때라도 사랑이 있다는 것을, 나는 믿노라 하나님께서 침묵하실지라도 여전히 침묵 뒤에 하나님이 계시다는 것을."

사랑이라고는 조금도 찾을 수 없는 학대와 멸시 속에 비참히 죽어가면서도 그들은 세상에 사랑이 있다는 것을 믿었고, 하나님께 끝없이 부르짖지만 대답 없이 침묵을 지키실지라도 반드시 하나님께서 그들을 구출해 주실 것임을 믿었습니다. 그들에게는 이런 소망이 있었기에 그 절망에서 재기하여 역사의 고아가 되지 않고 세계 열강과 어깨를 나란히 할 수 있었던 것입니다.

우리가 이 세상을 살아가면서 절망을 뛰어넘어 환경을 극복하고 살아갈 수 있는 유일한 힘은 우리 앞에 소망이 있다는 것입니다.

우리는 잔이 넘치는 생활로 인도되기 전에 반드시 사망의 음침한 골짜기를 지나게 될 것입니다. 이 골짜기를 지나는 동안 혼은 깨뜨려지고 정욕은 죽게 됩니다. 믿음의 조상 아브라함도 이 골짜기를 지났고 야곱과 요셉과 모세도 이 음침한 골짜기를 지났습니다.

그러나 사망과 죽음의 골짜기를 지나고 나면 하나님의 눈부신 복이 기다리고 있습니다. 그것이 우리의 소망입니다. 중단되지 않는 소망, 그것만이 우리를 사망의 음침한 골짜기에서 빠져나와 승리하게 합니다.

「365일 오늘의 만나」